POÉSIES CHOISIES DU XIXe SIÈCLE

annotées et rédigées par

CHO Kyu-Chul

Shina-sa

머 리 말

이 책은 대학 불시 교재용으로 엮은 것이다. 불시 중에서 19세기가 가장 중요하기 때문에 19세기의 가장 대표적인 시인 12명의 작품을 다루었다. 낭만주의 시인 4명, 고답파 시인 4명 (Baudelaire는 초기 고답파지만 일반적으로 상징주의 시인으로 간주함), 상징주의 시인 4명을 택했다. 낭만주의와 상징주의 시인들의 작품은 각 시인의 작품 5편씩, 고답파 시인의 작품은 3편씩 골랐다. 작품 선택은 가능한 한 대표적이고 수준에 알맞는 것으로 신중을 기하여 선택했다.

각 작품마다 작품해설을 붙였으며, 시의 오석을 가능한 한 피하고 시를 이해하는데 도움을 주기 위하여 정성을 기울였으며, 될 수 있는대로 주를 많이 붙였다. 가끔 어떤 작품은 난해한 것도 있지만 주를 참고하면 이해할 수 있을 것으로 생각한다.

작품 뒤에 〈佛詩型〉(la versification française)를 붙였다. 佛詩型은 본인이 1970년부터 강의해 온 내용을 토대로 한 것이다. 학생들이 자습을 하여도 대체로 이해할 수는 있겠지만, 강의를 전제로 꾸몄으며 다만 학생들의 노우트 필기만 면하게 배려한 것이다.

따라서 배당된 강의 시간에 따라 작품을 유파(流派)별로나 작가별로 선택하면 좋을 것이다.

이 책을 엮는데 작품 편에서는 E. Maynial의 *Anthologie des poètes du XIXe siècles*을, 詩型편에서는 Ph. Martinon의 *Dictionnaire des rimes françaises*를 바탕으로 삼고, 주로 다음 책들을 참고 했다.

Maurice Grammont: *Petit traité de versification française,* Armand Colin, 1962

Robert Montal: *Introduction à la poésie française, Style et langage,* 1970

Maurice Grammont: *Le Vers Français,* Librairie Delagrave, 1967

Ch.-M. des Granges et Ch. Charrier : *La Littérature expliquée*, A. Hatier, 1968

G. Pompidou : *Anthologie de la poésie française*, Hachettte, 1968

G. Mauger : *Langue et civilisation françaises*, tome IV, Hachette, Paul Ginestier, André Maillet : *Culture et civilisation françaises*, Didier, 1970

André Gide : *Anthologie de la poésie française*, Pléiade, 1967

Angel Flores : *An Anthology of French poetry from Nerval to Valéry in English*, 1962, Doubleday

1975년 7월

TABLE DES MATIÈRES

Stéphane Mallarmé

Arthur Rimbaud

Paul Valéry

ALPHONSE DE LAMARTINE

(1790 — 1869)

L'ISOLEMENT[1]

Souvent sur la montagne, à l'ombre du vieux chêne,[2]
Au coucher du soleil, tristement je m'assieds;
Je promène au hasard mes regards sur la plaine,
Dont le tableau changeant[3] se déroule à mes pieds.

Ici gronde le fleuve aux vagues écumantes;
Il serpente, et s'enfonce en un lointain obscur;[4]
Là le lac[5] immobile étend ses eaux dormantes
Où l'étoile du soir se lève dans l'azur.

Au sommet de ces monts couronnés de bois sombres,
Le crépuscule encor[6] jette un dernier rayon;

---

1) **Lamartine**는 1816년 가을 온천장인 Aix-les-Bains에서 요양중인 Mme Julie Charles를 알게 되었다. 그녀는 물리학자의 부인으로서 당시 Lamartine 보다 6세나 손위인 32세였다. 두 사람은 정열적으로 사랑하는 사이가 되었지만 다음 해 12월 Julie Charles는 불귀의 객이 되었다. 세상의 모든 것이 그에게는 무관심하게 되고 실의에 빠져 1818년 시인의 고향 Milly에 틀어 박혀 쓴 것이 바로 L'isolement(고독)이었다. 詩形은 프랑스에서 가장 많이 사용되는 12음절 시행 (Alexandrin)으로 구성되었다. 내용상으로 3단위로 구분되는바, 첫 4절은 자연의 아름다운 풍경을 노래했고, 5~9절까지는 현실에 대한 절망으로 우울한 심정을 토로했고, 10~13절은 신에 대한 희망과 피안의 행복을 노래하고 있다.

2) **à l'ombre du vieux chêne**: 시인의 고향 Milly 서산에는 떡갈나무가 많다.

3) **tableau changeant**: 저녁이 되어 어두워짐에 따라 변화하는 광경 또는 시선을 옮김에 따라 여러가지로 바뀌는 광경 두 가지의 뜻으로 해석할 수 있다.

4) **en un lointain obscur**: 「가물가물하게 먼 곳으로」.

5) **le lac**: 시인은 강물이 흐르는 것을 보고 자기 연인과 속삭이던 Bourget의 호수를 연상하고 있다.

6) **encor**: 음절을 맞추기 위해서 encore 대신에 encor라고 했음.

Et le char vaporeux de la reine des ombres[1)]
Monte, et blanchit déjà les bords de l'horizon.

Cependant, s'élançant de la flèche gothique,
Un son religieux se répand dans les airs :
Le voyageur s'arrête, et la cloche rustique
Aux derniers bruits du jour mêle de saints concerts.[2)]

Mais à ces doux tableaux mon âme indifférente[3)]
N'éprouve devant eux ni charme ni transports ;
Je contemple la terre ainsi qu'une ombre errante :
Le soleil des vivants n'échauffe plus les morts.

De colline en colline en vain portant ma vue,
Du sud à l'aquilon,[4)] de l'aurore au couchant,[5)]
Je parcours tous les points de l'immense étendue,
Et je dis : « Nulle part le bonheur ne m'attend. »

Que me font ces vallons, ces palais, ces chaumières,
Vains objets dont pour moi le charme est envolé ? [6)]
Fleuves, rochers, forêts, solitudes[7)] si chères,
Un seul être[8)] vous manque, et tout est dépeuplé !

---

1) **le char vaporeux de la reine des ombres** : 「어두움의 여왕의 몽롱한 수레」, 즉, 「달」을 가리킨다. 밤의 여왕이 타고 다닌다는 뜻을 나타내며, 그리스 신화에서 나온 이미지. 12절의 le char de l'Aurore도 같은 이미지를 가지고 있다.

2) 이 절에서는 son religieux, la cloche, bruits, concerts 등 청각을 동원하는 시어를 사용하여 광경을 묘사하고 있다. 낭만주의부터 인간의 5관을 동원하여 시의 이미지를 살리는 경향이 짙어졌다.

3) 이 절부터 시인의 우울증을 환기하고 있다. 그렇게도 정답던 자연 풍경이지만 애인을 잃은 자기에게는 아무런 감동도 주지 못한다.

4) **l'aquilon** : 북쪽을 의미한다.

5) **de l'aurore au couchant** : 「동쪽에서 서쪽까지」.

6) **envolé** : 원래 s'envoler(도망가다) 대명동사이지만 그 변형으로 여기서는 주어속사로 사용되었다. 「매력이 없어진」의 뜻.

7) **fleuves, rochers, forêts** : 모두 호격이며, solitudes가 그것들을 일괄해서 받고 있다. 「쓸쓸한 곳」이란 뜻을 가지고 다음 행에서 vous가 그것을 받는다.

8) **un seul être** : 작년에 죽은 자기 애인을 가리킨다.

Que le tour du soleil ou commence ou s'achève,[1]
D'un œil indifférent je le suis dans son cours ;[2]
En un ciel sombre ou pur qu'il se couche ou se lève,[3]
Qu'importe le soleil ? je n'attends rien des jours.

Quand je pourrais[4] le suivre en sa vaste carrière,[5]
Mes yeux verraient partout le vide et les déserts :
Je ne désire rien de tout ce qu'il éclaire ;
Je ne demande rien à l'immense univers.

Mais peut-être au-delà des bornes de sa sphère,[6]
Lieux où le vrai soleil[7] éclaire d'autres cieux,
Si je pouvais laisser ma dépouille à la terre,
Ce que j'ai tant rêvé paraîtrait à mes yeux !

Là, je m'enivrerais à la source où j'aspire ;
Là, je retrouverais et l'espoir et l'amour,
Et ce bien idéal[8] que toute âme désire,
Et qui n'a pas de nom au terrestre séjour ![9]
Que ne puis-je, porté sur le char de l'Aurore,[10]

---

1) **Que le tour du soleil ou commence ou s'achève :** soit que...ou soit que...+*sub*의 변형으로서 두 요소를 대립시키고 있다. 「태양이 회전을 시작하건 끝내건」.
2) **je le suis dans son cours :** le는 tour de soleil를 받고 suis는 suivre 동사다. 「나는 그 운행을 좇고 있다」.
3) **qu'il se couche ou se lève :** 윗 주 1) 참조.
4) **Quand je pourrais :** Quand〔(bien) même〕+*cond.*는 양보를 나타낸다. 「설사(비록)…할지(일지)라도」.
5) **carrière :** 「궤도」.
6) **au-delà des bornes de sa sphère :** 「태양이 비치는 범위의 한계 저 너머로」.
7) **le vrai soleil :** 천국의 태양을 가리킨다. 시인이 보는 태양은 진정한 태양이 아니고 기독교적인 관념에서 생각하는 천국의 태양이 진정한 태양이라고 생각한다.
8) **bien idéal :** 「이상적인 행복」.
9) **n'a pas de nom au terrestre séjour :** 「지상에서는 무어라고 부를지 모를, 이 세상에서는 이름이 없는」.
10) **Le char de l'Aurore :** p 10 주 1) 참조.

Vague objet de mes vœux,[1] m'élancer jusqu'à toi !
Sur la terre d'exil[2] pourquoi reste-je encore ?
Il n'est rien de commun entre la terre et moi.

Quand la feuille des bois tombe dans la prairie,
Le vent du soir s'élève et l'arrache aux vallons ;
Et moi, je suis semblable à la feuille flétrie :
Emportez-moi comme elle, orageux aquilons !

Méditations Poétiques

LE VALLON[3]

Mon cœur, lassé de tout,[4] même de l'espérance,
N'ira plus de ses vœux importuner le sort ;[5]
Prêtez-moi seulement, vallon de mon enfance,
Un asile d'un jour pour attendre la mort.

Voici l'étroit sentier de l'obscure vallée :
Du flanc de ces coteaux pendent des bois épais,[6]

---

1) **Vague objet de mes vœux :** 호격. 「내가 기원하는 어렴풋한 대상이여」란 뜻. ce bien idéal이 이 세상에는 이름이 없기 때문에 어렴풋하다.
2) **la terre d'exil :** 「지상의 귀향살이」.
3) 이 시는 Lamartine가 사회와 인간에 대한 환멸을 느끼고 자연을 찾아서 1817년 8월 8일에 Grand-Lemps 부근 산에서 지은 시다. 그러나 확실한 연대는 밝혀지지 않고 있으며, 다만 8월 8일이라고 만 기록되어 있다. 그 산에는 양쪽에 숲이 우거진 계곡이 있었는데, 시인은 고독할 때 가끔 그곳을 찾았다. 당시 혼탁한 사회와 인간은 자기를 저버리는 것 같았지만 자연은 자기를 반기는 것 같이 보였으며 시인은 이러한 자연에서 많은 위안을 얻었다.
4) **lassé de tout :** 「인생의 모든 것에 지쳐서」.
5) **N'ira plus de ses vœux importuner le sort :** de ses vœux는 「기도로써」. le sort는 「운명의 신」을 의미한다. aller+*inf.*의 형태인 ira importuner는 강한 의지를 나타낸다. 「기도로써 운명의 신을 괴롭히지 않겠다」.
6) **Du flanc de ces coteaux pendent des bois épais :** des bois épais가 주어. 「빽빽한 숲이 작은 산 허리에 서 있다」.

Qui, courbant sur mon front leur ombre entremêlée,
Me couvrent tout entier de silence et de paix.

Là, deux ruisseaux cachés sous des ponts de verdure,
Tracent en serpentant[1] les contours du vallon;
Ils mêlent un moment leur onde et leur murmure,
Et non loin de leur source ils se perdent sans nom.[2]

La source de mes jours[3] comme eux s'est écoulée;
Elle a passé sans bruit, sans nom et sans retour:
Mais leur onde est limpide, et mon âme troublée
N'aura pas réfléchi les clartés d'un beau jour.[4]

La fraîcheur de leurs lits,[5] l'ombre qui les couronne,
M'enchaînent tout le jour[6] sur les bords des ruisseaux,
Comme un enfant bercé par un chant monotone,[7]
Mon âme s'assoupit au murmure des eaux.

Ah! c'est là qu'entouré d'un rempart de verdure,
D'un horizon borné[8] qui suffit à mes yeux,
J'aime à fixer mes pas, et, seul dans la nature,
A n'entendre que l'onde, à ne voir que les cieux.

---

1) **Tracent en serpentant**: 「구비치며 흐른다」.
2) **ils se perdent sans nom**: 「그 개울들은 아무런 이름도 남기지 않고 없어진다」.
3) **La source de mes jours**: 「나의 인생의 초기」.
4) **un beau jour**: 「행복하던 날」.
5) **leurs lits**; 「개울들의 밑바닥」.
6) **M'enchaînent tout le jour**: m'enchaînent는 「나를 속박하다, 붙잡다」의 뜻. 「하루 종일 나를 떠나지 못하다」.
7) **un enfant bercé par un chant monotone**: 「단조로운 노래로 매혹당한 아이」.
8) **D'un horizon borné**: 「좁은 지평선으로」. 이 구는 전 행 entouré에 연결된다.

J'ai trop vu, trop senti, trop aimé dans ma vie;
Je viens chercher vivant le calme du Léthé.[1)]
Beaux lieux,[2)] soyez pour moi ces bords où l'on oublie:
L'oubli seul désormais est ma félicité.

Mon cœur est en repos, mon âme est en silence;
Le bruit lointain du monde expire en arrivant,[3)]
Comme un son éloigné qu'affaiblit la distance,
A l'oreille incertaine apporté par le vent.

D'ici je vois la vie, à travers un nuage,
S'évanouir[4)] pour moi dans l'ombre du passé;
L'amour seul est resté,[5)] comme une grande image
Survit seule au réveil dans un songe effacé.[6)]

Repose-toi, mon âme, en ce dernier asile,
Ainsi qu'un voyageur qui, le cœur plein d'espoir,
S'asseoit, avant d'entrer, aux portes de la ville,
Et respire un moment l'air embaumé du soir.

Comme lui, de nos pieds[7)] secouons la poussière;
L'homme par ce chemin ne repasse jamais;[8)]

---

1) **Je viens chercher vivant le calme du Léthé**: Léthé는 희랍신화에서 망자(亡者)들의 영혼이 거기서 망각의 물을 마신다는 지옥의 강. 「나는 살아서 망각의 강의 평온(마음의 평화)을 찾기 위해 왔노라」.
2) **Beaux lieux**: 호격. 뒤에 나오는 ces bords를 가리킨다.
3) **expire en arrivant**: 「도착하자 (←들리자) 마자 사라진다」.
4) **je vois la vie... s'évanouir**: 〈지각동사+직접목적+직접목적보어 속사〉의 형태로 「나는 인생이 사라지는 것을 본다」.
5) **L'amour seul est resté**: (모든 것을 다 잃고)「사랑만이 남아 있다」.
6) **seule au réveil dans un songe effacé**: 「사라진 꿈 속에서 깰 때만이」.
7) **Comme lui, de nos pieds**: lui는 voyageur. de nos pieds는 「우리의 발길로」.
8) **L'homme par ce chemin ne repasse jamais**: 「사람은 한번 지나간 이 길을 결코 다시 지나갈 수 없다」는 뜻. ce chemain은 인생 행로를 의미.

Comme lui, respirons au bout de la carrière[1]
Ce calme avant-coureur de l'éternelle paix.

Tes jours,[2] sombres et courts comme les jours d'automne,
Déclinent comme l'ombre au penchant des coteaux ;
L'amitié[3] te trahit, la pitié[3] t'abandonne,
Et seule, tu descends le sentier des tombeaux.

Mais la nature est là qui t'invite et qui t'aime :
Plonge-toi dans son sein qu'elle t'ouvre[4] toujours ;
Quand tout change pour toi, la nature est la même,
Et le même soleil se lève sur tes jours.

De lumière et d'ombrage elle t'entoure encore :
Détache ton amour des faux biens[5] que tu perds ;
Adore ici l'écho qu'adorait Pythagore,[6]
Prête avec lui l'oreille aux célestes concerts.

Suis[7] le jour dans le ciel, suis l'ombre sur la terre ;
Dans les plaines de l'air vole avec l'aquilon ;
Avec le doux rayon de l'astre du mystère
Glisse à travers les bois dans l'ombre du vallon.

---

1) **au bout de la carrière** : 「생애의 마지막에」.
2) **Tes jours** : 「너의 세월」. 여기서는 자기 마음(mon âme)에게 말하는 것이므로 **결국** 「나의 세월」이 된다.
3) **L'amitié, la pitié** : 추상 명사지만 「벗들」과 「동정하던 사람」을 의미함.
4) **Plonge-toi dans son sein qu'elle t'ouvre** : 사람들과 사회는 자기를 저버리자만 자연은 항상 자기를 반긴다. 「자연이 너에게 벌리는 그 품안에 뛰어 들라」.
5) **Détache ton amour des faux biens** : 명령법. 「덧없는 재물에 대한 애착심을 버려라」.
6) **Pythagore** : 희랍의 철학자, 성좌의 이동으로 생기는 천국의 음악을 들었다고 생각함.
7) **Suis** : **suivre**의 명령형. 다음 행의 vole와 마지막 행의 glisse도 명령형임.

Dieu, pour le concevoir, a fait l'intelligence:
Sous la nature enfin découvre son auteur ![1]
Une voix à l'esprit[2] parle dans son silence:
Qui n'a pas entendu cette voix dans son cœur?

Méditations Poétiques

LE LAC[3]

Ainsi, toujours poussés[4] vers de nouveaux rivages,
Dans la nuit éternelle emportés sans retour,
Ne pourrons-nous jamais sur l'Océan des âges
    Jeter l'ancre[5] un seul jour?

O lac! l'année à peine a fini sa carrière,[6]
Et près des flots chéris qu'elle devait revoir,
Regarde! Je viens seul m'asseoir sur cette pierre
    Où tu la vis s'asseoir![7]

Tu mugissais ainsi sous ces roches profondes;
Ainsi tu te brisais sur leurs flancs déchirés;[8]

---

1) **son auteur**: 「자연의 창조자」.

2) **une voix à l'esprit**: 「마음에 말하는 목소리」.

3) Lamartine가 26세 되던 해 Bourget호수에서 사귀게 된 Julie Charles 여사와 그 후 열렬한 사랑을 하였다. 그 다음해 Lamatine는 다시 병세가 나빠 요양하게 되어 그 호수에 갔으나, 그 때 자기 애인은 위독하여 그 호수에 오지 못했다. 시인은 작년 그녀와 같이 지내던 추억을 회상하며 이 시를 썼다. p. 9 주 1) 참조.

4) **poussés**: 다음 행의 emportés와 같이 세째 행의 nous에 연결된다. 동사적으로 사용된 과거분사로서 부대적(附帶的)상태나 상황을 표현한다.

5) **sur l'océan des âges jeter l'ancre**: jeter l'ancre sur l'océan des âges의 도치. 「세월의 대양 위에 멈추다(닻을 던지다)」.

6) **l'année à peine a fini sa carrière**: 자기 애인과 만나기로 한 1년간의 세월이 간신히 지났다는 뜻임.

7) **tu la vis s'asseoir**: tu는 호수, la는 자기 애인을 가리킴. 「그녀가 앉은 것을 네가 보았던」. p. 14. 주 4) 참조.

8) **leurs flancs déchirés**: 「울퉁불퉁한(찢어진) 바위의 측면」.

Ainsi le vent jetait l'écume de tes ondes
　　Sur ses pieds adorés.

Un soir, t'en souvient-il? nous voguions en silence;
On n'entendait au loin, sur l'onde et sous les cieux,
Que le bruit des rameurs qui frappaient en cadence
　　Tes flots harmonieux.[1]

Tout à coup des accents incornus à la terre[2]
Du rivage charmé frappèrent les échos;[3]
Le flot fut attentif, et la voix qui m'est chère
　　Laissa tomber ces mots:

« O temps, suspends ton vol![4] et vous, heures propices,
　　Suspendez votre cours!
Laissez-nous savourer les rapides délices
　　Des plus beaux de nos jours!

« Assez de malheureux[5] ici-bas vous implorent:
　　Coulez, coulez pour eux;
Prenez avec leurs jours les soins qui les dévorent;[6]
　　Oubliez les heureux.

---

1) **le bruit des rameurs qui frappaient en cadence tes flots harmonieux:** (너무나 조용하여)「선율적인 너(호수)의 물결을 박자를 맞추어서 치는 노젖는 소리」(밖에 들리지 않았다).
2) **des accents inconnus à la terre:**「지상에서 들어보지 못한 목소리」.
3) **Du rivage charmé frappèrent les échos:**「매혹당한 호수가에서 메아리 친다」.
4) **suspends ton vol:** 명령형.「너(시간)의 흐름을 멈추어라」.
5) **Assez de malheureux:**「꽤 많은 불행한 사람들」.
6) **Prenez avec leurs jours les soins qui les dévorent:**「그들의 가슴을 에이는 걱정을 그들의 세월과 함께 빼앗아 가거라」.

« Mais je demande en vain quelques moments encore,
Le temps m'échappe et fuit ;
Je dis à cette nuit : « Sois plus lente » ; et l'aurore
Va dissiper la nuit.

« Aimons donc, aimons donc ! de l'heure fugitive,[1]
Hâtons-nous, jouissons !
L'homme n'a point de port, le temps n'a point de rive ;
Il coule, et nous passons ! »

Temps jaloux, se peut-il que[2] ces moments d'ivresse,
Où l'amour à longs flots nous verse le bonheur,[3]
S'envolent loin de nous de la même vitesse[4]
Que les jours de malheur ?

Hé quoi ! n'en[5] pourrons-nous fixer au moins la trace ?
Quoi ? passés pour jamais ? quoi ! tout entiers perdus ?[6]
Ce temps qui les donna,[7] ce temps qui les efface,
Ne nous les rendra[7] plus ?

Éternité, néant, passé, sombres abîmes,[8]
Que faites-vous des jours que vous engloutissez ?
Parlez : nous rendrez-vous ces extases sublimes
Que vous nous ravissez ?

---

1) **jouissons de l'heure fugitive :** 「사라지는 시간을 즐깁시다」. 즉 jouissons은 그 전행의 de l'heure fugitive와 연결된다.

2) **se peut-il que :** se peut que+*sub.*(…할지도 (일지도) 모른다)의 의문형.

3) **l'amour à longs flots nous verse le bonheur :** l'amour nous verse le bonheur à longs flots임. 「행복의 여신이 우리에게 행복을 듬뿍(긴 물결로) 쏟아 준다」.

4) **S'envolent loin de nous de la même vitesse :** 「…와 같은 속도로 우리로부터 멀리 달아나다」.

5) **en :** 윗 절 첫 행의 ces moments d'ivresse를 받으며 la trace de ces moments d'ivresse가 된다.

6) **passés, perdus :** 모두 그 앞에 ces moments d'ivresse sont-ils이 생략된 것이다. 佛詩에서는 음절을 맞추기 위해서 이처럼 생략과 도치가 많으니 유의하기 바란다.

7) **les donna, les rendra :** 세개의 les는 모두 ces moments d'ivresse를 받는다.

8) 이 행에 나열한 명사들은 전부 호격임. 호격으로 사용되는 명사에는 관사가 없다.

O lac ! rochers muets ! grottes ! forêt obscure !
Vous que le temps épargne ou qu'il peut rajeunir,[1]
Gardez de cette nuit,[2] gardez, belle nature,
    Au moins le souvenir !

Qu'il soit dans ton repos, qu'il soit[3] dans tes orages,
Beau lac, et dans l'aspect de tes riants coteaux,
Et dans ces noirs sapins, et dans ces rocs sauvages
    Qui pendent sur tes eaux ![4]

Qu'il soit dans le zéphyr qui frémit et qui passe,
Dans les bruits de tes bords par tes bords répétés,[5]
Dans l'astre au front d'argent[6] qui blanchit ta surface
    De ses molles clartés ![7]

Que[8] le vent qui gémit, le roseau qui soupire,
Que les parfums légers de ton air embaumé,
Que tout ce qu'on entend, l'on voit ou l'on respire,
    Tout dise : « Ils ont aimé ! »

Méditations Poétiques

---

1) **qu'il peut rajeunir :** il은 le temps이고 「세월이 지나도 변치 않는」의 뜻.
2) **de cette nuit :** 다음행 le souvenir에 연결된다. 즉 le souvenir de cette nuit임. de cette nuit가 전 행(行, vers)에 온 이유는 nuit 다음에 중간 휴지(césure)가 오도록 하기 위해서다. Alexandrin (12음절 시행)은 거의 대부분 6음절 다음에 césure가 온다.
3) **Qu'il soit...qu'il soit :** 〔soit〕 que...〔soit〕 que...+*sub*.... (…이든지…이든지)의 변형.
4) **pendent sur tes eaux :** 「물결 위에 우뚝 솟아있는」.
5) **les bruits de tes bords par tes bords répétés :** les buits répétés de tes bords par tes bords이며, 「너의(호수의) 이 쪽 기슭에서 저쪽 기슭으로 메아리치는 소리」.
6) **l'astre au front d'argent :** au front d'argent은 complément du nom. 「하얀(은빛) 이마를 가진 천체」. 즉 달을 가리킴.
7) **molles clartés :** 「부드러운 빛」. 원래 molles는 빛을 수식하는 형용사로서는 적합치 않으나 촉각을 자극시키는 이미지를 가졌으므로 Lamartine는 가끔 사용했다.
8) **que**로 이끄는 절은 다음 절 동사의 직접목적 보어나 혹은 주어로 사용된다. 여기서 que는 다음 두 행의 que와 함께 dise 동사의 주어 tout가 받는다. 「…한 것…한 것…한 것, 모든 것은 말한다」.

L'AUTOMNE[1]

Salut, bois couronnés d'un reste de verdure ![2]
Feuillages jaunissants sur les gazons épars !
Salut, derniers beaux jours ![3] le deuil de la nature
Convient à la douleur et plaît à mes regards.[4]

Je suis d'un pas rêveur[5] le sentier solitaire ;
J'aime à revoir encor, pour la dernière fois,
Ce soleil pâlissant, dont la faible lumière
Perce à peine à mes pieds l'obscurité des bois.

Oui, dans ces jours d'automne, où la nature expire,
A ses regards voilés[6] je trouve plus d'attaits ;
C'est l'adieu d'un ami, c'est le dernier sourire
Des lèvres que la mort va fermer pour jamais.

Ainsi, prêt à quitter l'horizon de la vie,[7]
Pleurant de mes longs jours l'espoir évanoui,[8]

---

1) 이 시는 1819년에 자기 고향 Milly에서 쓴 것으로, *vallon* 처럼 자기 건강이 악화되어 죽음을 명상하면서 쓴 작품이다. 또한 그 당시(나중에 자기 부인이 되었지만) Marianne-Elisa Birch 양에 대한 구혼도 거절당하고 실의에 사로잡힌 감정을 25~28행 사이에서 나타내고 있다. 주제 자체가 인생의 끝장 내지 죽음을 표시하는 것과 같이 Lamartine 자신의 우울증을 잘 나타내고 있다. 동시에 도망간 과거의 행복에 대한 애수도 잘 표현되어 있다. 이 작품도 *le Lac*, *Le vallon*, *L'isolement*과 더불어 섬세한 감정이 잘 표현되어 있으며, Lamartine 자신의 대표작임은 물론 romantisme의 손꼽히는 대표작으로 알려져 있다.

2) **d'un reste de verdure**: 여기서 reste는 「약간」의 뜻이다. un reste d'espoir는 일루의 희망이다. 「약간의 녹음으로 (덮혀 있는 숲이여 !)」.

3) **derniers beaux jours**: 「마지막 행복하던 세월이여 !」.

4) **le deuil de la nature convient à la douleur et plaît à mes regards**: 「처량한 자연은 슬픔을 자아내고 (자아내는 데 적합하고) 기꺼이 내 시선을 끈다」.

5) **Je suis d'un pas rêveur**: 「나는 명상에 잠긴 발길로 걷는다」. suis는 suivre 동사임.

6) **A ses regards voilés**: 「침침한 가을의 전망에서」.

7) **prêt à quitter l'horizon de la vie**: 「한계에 이른 내 생애를 마칠 각오를 하고서」.

8) **Pleurant de mes longs jours l'espoir évanoui**: Pleurant l'espoir évanoui de mes jours 이다. 「사라져가는 장수의 희망을 슬퍼하면서」.

Je me retourne encore et d'un regard d'envie
Je contemple ces biens[1] dont je n'ai pas joui.

Terre, soleil, vallons, belle et douce nature,
Je vous dois une larme aux bords[2] de mon tombeau !
L'air est si parfumé ! la lumière est si pure !
Aux regards d'un mourant[3] le soleil est si beau !

Je voudrais maintenant vider jusqu'à la lie
Ce calice mêlé de nectar et de fiel : [4]
Au fond de cette coupe où je buvais la vie,
Peut-être restait-il une goutte de miel !

Peut-être l'avenir[5] me gardait-il encore
Un retour de bonheur dont l'espoir est perdu !
Peut-être, dans la foule, une âme[6] que j'ignore
Aurait compris mon âme, et m'aurait répondu !...

La fleur tombe en livrant ses parfums au zéphire ;
A la vie, au soleil, ce sont là ses adieux :
Moi, je meurs ; et mon âme, au moment qu'elle expire
S'exhale comme un son triste et mélodieux.

Méditations Poétiques

1) **Ces biens :** les biens de la vie, 「나의 생애의 행복을 (곰곰히 생각한다)」.
2) **Je vous dois une larme aux bords :** aux bords 는 복수로 할 필요가 조금도 없으나 Lamatine는 가끔 복수를 사용했다. 「무덤가에서 나를 위해 우는 것이 너희들이로구나」 혹은 「나는 무덤가에서 너희들에게 눈물의 신세를 지고 있다」.
3) **Aux regards d'un mourant :** 「죽어가는 사람 보기에」. mourant은 시인 자신임.
4) **vider jusqu'à la lie ce calice mêlé de nectar et de fiel :** calice는「술잔」혹은「고배」임. 프랑스에서도 인생을 고배에 비교함. *cf.* boir le calice jusqu'à la lie (어떤 고난(괴로움)도 끝까지 참고 견디다). nectar는 감주(甘酒), 즉 인생의 행복을 의미하고 fiel는 담즙, 쓰라림, 괴로움, 불행 등을 의미한다. 「행복과 불행이 섞인 고배를 끝까지 감수하다」.
5) **peut-être l'avenir :** Marianne-Elisa Birch 와의 **결혼 계획의 가능성을 암시하고 있음.**
6) **l'âme :** **「사람, 여성」.**

LA VIGNE ET LA MAISON[1]

Effacé ce séjour, ô Dieu ! de ma paupière,[2]
Ou rends-le-moi semblable à celui d'autrefois,
Quand la maison vibrait comme un grand cœur de pierre
De tous ces cœurs joyeux qui battaient sous ses toits !

A l'heure où la rosée au soleil s'évapore,[3]
Tous ces volets fermés s'ouvraient à sa chaleur,
Pour y laisser entrer, avec la tiède aurore,[5]
Les nocturnes parfums[6] de nos vignes en fleur.

On eût dit que ces murs respiraient comme un être
Des pampres réjouis la jeune exhalaison ;[7]
La vie[8] apparaissait rose, à chaque fenêtre,
Sous les beaux traits d'enfants nichés dans la maison.

---

1) 이 詩 역시 悲歌이다. Lamartine는 만년(1857)에 큰 빚을 졌으며, 3년 후 고향 Milly에 있는 집을 청산했다. 그는 이 悲歌에서 자기 유년 시대의 추억과 희망을 환기시키면서, 망각과 죽음이 엄습하려는 자기 자신과 우울증에 빠진 인생의 황혼기를 슬픔에 잠긴 백조에 비교하면서, 젊은 시절의 아름다운 추억을 환기시키고 있다. Lamartine는 이 작품에서 자기 영혼과 자기 자신의 대화처럼 명상과 꿈에 잠겨서 내심(內心)의 소리에 귀를 기울였다. 이 詩는 Victor Hugo의 *Les Chants du Crépuscule*과 흔히 비교되는 長詩인 바, 여기에서는 그 일부 만을 발췌 수록했다.

2) **Efface ce séjour de ma paupière:** 「눈 앞에 아른거리는 여기 살던 추억을 지워버려라」.

3) **la rosée au soleil s'évapore:** la rosée s'évapore au soleil의 도치. s'évapore (증발되다)와 셋째 행의 aurore와 운을 맞추기 위해서다.

4) **à sa chaleur:** sa는 태양을 받음. à는 동시성 내지 원인을 나타낸다. 「태양이 더워지자 태양이 덥기 때문에」.

5) **la tiède aurore:** tiède는 「미지근한」이지만 「희미한」의 뜻을 가짐. 촉각을 자극하기 위하여 tiède를 사용함. 「희미한 새벽빛」.

6) **les nocturnes parfums:** nocturnes는 밤 공기에 향기가 더욱 신선하고 향긋하다.

7) **Des pampres réjouis la jeune exhalaison:** jeune는 「신선한」의 뜻. réjouis la jeune exhalaison des pampres의 도치이며 réjouis는 les murs에 연결됨. 「포도 넝쿨 의 신선한 향기의 발산을 기뻐하는」.

8) **La vie:** 「사람」.

Leurs blonds cheveux épars au vent de la montagne,
Les filles,[1] se passant leurs deux mains sur les yeux,[2]
Jetaient des cris de joie à l'écho des montagnes,[3]
Ou sur leurs seins naissants[4] croisaient leurs doigts pieux.

La mère, de sa couche à ces doux bruits levée,[5]
Sur ces fronts inégaux se penchait[6] tour à tour,
Comme la poule heureuse assemble sa couvée,
Leur apprenant les mots qui bénissent le jour.

Moins de balbutiements sortent du nid sonore,
Quand, au rayon d'été qui vient la réveiller,
L'hirondelle au plafond qui les abrite encore,
A ses petits sans plume apprend à gazouiller.

Et les bruits du foyer que l'aube fait renaître,
Les pas des serviteurs sur les degrés de bois,[7]
Les aboiements du chien qui voit sortir son maître,
Le mendiant plaintif qui fait pleurer sa voix[8],

---

1) **Les filles**: Lamartine에게는 5명의 자매가 있었다.
2) **se passant leurs deux mains sur les yeux**: 「두 손으로 양 눈을 가리고서」.
3) **à l'écho des montagnes**: 「산울림이 나도록」. **à**는 결과나 정도를 나타낸다. *ex.* aimer à la folie(미치도록 사랑한다).
4) **sur leurs seins naissants**: 이 구절도 시행 마지막에 가야 함. (처녀이기 때문에) 「부풀어 오른 젖가슴 위에」.
5) **de sa couche à ces doux bruits levée**: levée de sa couche à ces doux bruits이며 levée는 mère를 수식.
6) **Sur ces fronts inégaux se penchait**: sur ces fronts inégaux는 시행 마지막에 가야함. inégaux는 연령때문에 「차이가 있는」 것을 나타내며, se penchait는 「키스하다」.
7) **les degrés de bois**: (집안에 있는)「나무 계단」.
8) **fait pleurer sa voix**: (동정심을 자아내기 위해서) 「측은한 음성을 내고 있는」.

Montaient avec le jour;[1] et, dans les intervalles,
Sous des doigts de quinze ans répétant leur leçon,
Les claviers résonnaient ainsi que des cigales
Qui font tinter l'oreille au temps de la moisson!

Puis ces bruits d'année en année
Baissèrent d'une vie,[2] hélas! et d'une voix;
Une fenêtre en deuil, à l'ombre condamnée,[3]
Se ferma sur le bord des toits.

Printemps après printemps, de belles fiancées
Suivirent de chers ravisseurs,[4]
Et, par la mère en pleurs sur le seuil embrassées,[5]
Partirent en baisant leurs sœurs.

Puis sortit un matin pour le champ où l'on pleure
Le cercueil tardif de l'aïeul,[6]
Puis un autre, et puis deux;[7] et puis dans la demeure
Un vieillard morne[8] resta seul!

---

1) **Montaient avec le jour**: 「태양이 솟아오름에 따라 높아진다」.
2) **ces bruits d'année en année baissèrent d'une vie**: Lamartine의 어머니와 두 누이와 아버지가 매년 계속 사망했다. 「이 소리는 매년 생기를 줄게 했다」. 또한 음성도 줄게 했다.
3) **Une fenêtre en deuil, à l'ombre condamnée**: condamnée는 「출입하지 않는다」는 뜻이며 Une fenêtre en deuil condamnée à l'ombre가 도치된 것. 「어두우면 출입하지 않는 슬픔에 잠긴 창문」. 「슬픔에 잠긴 창문」처럼 Lamartine는 자연이나 사물이 인간의 감정이나 추억을 간직한다고 생각했다.
4) **ravisseurs**: 새로 꾸민 가정으로 약혼녀를 데려가기 때문에 「유인하는 약혼자들」임.
5) **par la mère en pleurs sur sur le seuil embrassées**: embrassées는 첫 행의 fiancées에 걸림. embrassées par la mère en pleurs sur le seuil의 도치형.
6) **Le cercueil tartif de l'aïeul**: 이 구는 전행 sortit 동사의 주어. l'aïeul은 Lamartine의 백부를 가리킴. 「늦게 돌아가신 조상의 관」.
7) **Puis un autre, puis deux**: 백부가 돌아가시고 그후 어머니와 두 누이가 돌아감. un autre와 deux 다음에 cercuil가 생략되었고 autre cercueil는 「자기 어머니의 관」이며 deux cercueils는 「두 누나의 관」임.
8) **Un vieillard morne**: 자기 아버지를 가리킴. 1840년까지 Milly에 혼자 살았음.

Puis la maison glissa sur la pente rapide
    Où le temps entasse les jours ;[1]
Puis la porte à jamais se ferma sur le vide,
    Et l'ortie envahit les cours !...

La vigne et la maison

1) **le temps entasse les jours**: 「세월이 하루하루를 되풀이하다」.

ALFRED DE VIGNY

(1797 — 1863)

MOÏSE[1]

... Et, debout devant Dieu, Moïse ayant pris place,
Dans le nuage obscur lui parlait face à face.

Il disait au Seigneur : « Ne finirai[2]-je pas ?
Où voulez-vous encor que je porte mes pas ?[3]
Je vivrai donc toujours puissant et solitaire ?
Laissez-moi m'endormir du sommeil de la terre[4] ! —
Que vous ai-je donc fait[5] pour être votre élu ?
J'ai conduit votre peuple où[6] vous avez voulu.
Voilà que son pied touche à la terre promise.
De vous à lui qu'un autre accepte l'entremise,[7]

---

1) 이 시는 1822년에 써서 1826년에 발표한 것으로 구약성서에서 많은 영감을 받았다. Vigny는 철학적인 사상으로서 정신적인 고독을 소재로 삼았다. 위대한 사람이나 천재는 고독을 느끼게 되며 마침내는 고독감에 지쳐서 평민으로 돌아가기를 원한다는 내용이다. 이 시는 장시이기 때문에 여기에는 그 일부만 발췌 수록했다.

2) **ne finirai-je pas**=ne finirai-je pas ma carrière. 「나의 생애를 마쳐서는 안됩니까 ?」.

3) **porte mes pas** : 「걸어간다」.

4) **sommeil de la terre** : 「평범한 인간의 수면」. 윗 시행과 함께 이 시의 주제의 사상이 가장 잘 나타나고 있는 부분임. 모세가 하느님의 간택을 받아, 위대하지만 고독하게 사는 것보다는 평범한 생애를 택하겠다는 내용임.

5) **Que vous ai-je donc fait** : 신의 간택을 받는 것이 형벌로 생각된 Moïse 는 신에게 항의함.

6) **où** : 선행사 없이 사용된 것. 「곳으로」.

7) **De vous à lui qu'un autre accepte l'entremise**= qu'un autre accepte l'entremise de vous à lui. lui 는 votre peuple을 받음. que는 독립접속절을 인도하며 희망을 나타냄. 「당신과 당신 백성의 중개 역할을 다른 사람이 맡기를」.

Au coursier d'Israël qu'il attache le frein[1];
Je lui lègue mon livre[2] et la verge d'airain.[3]

« Pourquoi vous fallut-il tarir mes espérances,[4]
Ne pas me laisser homme avec mes ignorances,[5]
Puisque du mont Horeb[6] jusques au mont Nébo[7]
Je n'ai pas pu trouver le lieu de mon tombeau?
Hélas! vous m'avez fait sage parmi les sages!
Mon doigt du peuple errant a guidé les passages[8]
J'ai fait pleuvoir le feu[9] sur la tête des rois;
L'avenir à genoux adorera mes lois;[10]
Des tombes des humains j'ouvre la plus antique,[11]
La mort[12] trouve à ma voix une voix prophétique,
Je suis très grand, mes pieds sont sur les nations,
Ma main fait et défait les générations.[13]

---

1) **le frein:** 모세를 하느님의 양떼를 인도하는 사람으로 비유하였으며 여기서는 말을 길들이는 기사로 비유함. qu'il attache le frein au coursier d'Israël 임.
2) **mon livre:** 구약의 처음 5서인 모세 5경(經)을 말함. 즉 창세기, 출애급기, 레위기, 민수기, 신명기를 말함.
3) **la verge d'airain:** 하느님이 모세에게 준 힘의 상징이며 기적을 행할 수 있는 청동 지팡이. 이 지팡이로 모세가 물을 피로 바꿨고, 사막에서 샘이 솟아나게 했으며, 적군을 무찌른 일이 있었다.
4) **tarir mes espérances:** 모세 자신의 노년기를 행복하고 평온하게 보내겠다는 희망을 앗아간다는 뜻임.
5) **homme avec mes ignorances:** 모세의 지식은 하느님으로부터 받았으므로 인간의 지식을 초월했다. 그 때문에 그는 불안하고 고독하였다. 「무지한 평민」.
6) **mont Horeb:** 아라비아의 시나이 사막에 있는 산이며 여기서 모세가 처음으로 하느님을 만났으며 자기의 사명을 위임받고 출애급기를 썼다.
7) **Nébo:** 사해(死海) 동부에 있는 메마른 산.
8) **les passages:** 홍해와 사막을 통하는 길. les passages du mon peuple errant 임.
9) **pleuvoir le feu:** 이집트에서 모세가 불덩이가 섞인 우박을 내리게 했다.
10) **mes lois:** 모세법 중 一部인 십계명을 말한다. L'avenir adore mes lois à genoux. 「후세는 내 계명을 무릎을 꿇고 경배한다」.
11) **la plus antique:** la plus antique des tombes des humaines의 도치. 모세는 인간의 첫 죽음을 목격했으며 여기서는 Abel의 무덤을 말한다.
12) **La mort:** 추상 명사지만 「망령」의 뜻.
13) **fait et défait les générations:** 모세는 하느님으로부터 능력을 받았기 때문에 「세대를 흥하게도 하고 망하게도 한다」.

Hélas ! je suis, Seigneur, puissant et solitaire,
Laissez-moi m'endormir du sommeil de la terre !...

...« Sitôt que votre souffle a rempli le berger,[1]
Les hommes se sont dit : « Il nous est étranger » ;
Et leurs yeux se baissaient devant mes yeux de flamme,
Car ils venaient, hélas ! d'y voir plus que mon âme.[2]
J'ai vu l'amour s'éteindre et l'amitié tarir ;
Les vierges se voilaient et craignaient de mourir.[3]
M'enveloppant alors de la colonne noire,[4]
J'ai marché devant tous, triste et seul dans ma gloire,
Et j'ai dit dans mon cœur : Que vouloir à présent ?
Pour dormir sur un sein[5] mon front est trop pesant,
Ma main laisse l'effroi sur la main qu'elle touche,
L'orage est dans ma voix, l'éclair est sur ma bouche;[6]
Aussi, loin de m'aimer, voilà qu'ils tremblent tous,
Et, quand j'ouvre les bras, on tombe à mes genoux.[7]
O Seigneur ! j'ai vécu puissant et solitaire,
Laissez-moi m'endormir du sommeil de la terre ! »

Poëmes antiques et modernes

1) **le berger :** 모세는 전에 목동이었으며 당시에도 선민들을 이끄는 목자였다.
2) **plus que mon âme :** 모세 눈에서 하느님의 뜻과 능력을 보았기 때문에.
3) **se voilaient et craignaient de mourir :** 마치 처녀들이 독성죄를 범한 것처럼 「얼굴을 가리고 죽을까 두려워한다」.
4) **la colonne noire :** 모세가 헤브리인들을 인도할 때 낮에는 까만 구름 기둥으로 보호하고 밤에는 검은 불기둥으로 보호했다.
5) **sur un sein :** 어떤 여인의 「품 속에서」.
6) **L'orage est dans ma voix, l'éclair est sur ma bouche :** 「내 목소리에 폭풍이 일어나고, 내 말 한 마디에 (내가 입을 열면) 번개가 친다」.
7) **on tombe à mes genoux :** 모세는 평범한 사람들을 형제처럼 사랑하고 포옹하고 싶은데 팔을 벌리면 「내 무릎 앞에 무릎을 꿇는다」. 마치 신을 대하는 것처럼.

LA MORT DU LOUP[1]

I

... Le Loup vient et s'assied, les deux jambes dressées
Par leurs ongles crochus dans le sable enfoncées.[2]
Il s'est jugé perdu,[3] puisqu'il était surpris,
Sa retraite coupée[4] et tous ses chemins pris ;
Alors il a saisi, dans sa gueule brûlante,
Du chien le plus hardi la gorge pantelante[5]
Et n'a pas desserré ses mâchoires de fer,
Malgré nos coups de feu qui traversaient sa chair
Et nos couteaux aigus qui, comme des tenailles,
Se croisaient en plongeant dans ses larges entrailles,
Jusqu'au dernier moment où le chien étranglé,
Mort longtemps avant lui, sous ses pieds a roulé.
Le Loup le quitte alors et puis il nous regarde.
Les couteaux lui restaient au flanc jusqu'à la garde,[6]
Le clouaient au gazon tout baigné dans son sang ;

---

1) 이 시는 1843년에 쓴 시로서 늑대 사냥에서 늑대의 극기를 교훈으로 삼은 시다. Vigny는 여러 사냥군과 함께 늑대 사냥을 갔다. 마침 늑대 가족을 발견했는데 숫 늑대가 개의 목을 물고 늘어졌으나, 사냥군의 총검으로 마구 찔려, 죽을 때까지 움직이지도 신음도 않고, 울지도 않으며 장엄하게 죽는 광경을 묘사했다. 이처럼 늑대는 극기 (stoïsme)의 사상을 인간에게 교훈으로 남겼다.

2) **Par leurs ongles crochus dans le sable enfoncées :** enfoncées par leurs ongles crochus dans le sable의 도치. enfoncées와 dressée는 서로 운을 맞추기 위해서다. 「굽은 발톱이 모래 속에 푹 빠진 채」.

3) **Il s'est jugé perdu :** 「자기는 가망이 없다고 생각했다」.

4) **Sa retraite coupée :** 「도망갈(퇴각할) 길이 차단되고」.

5) **Du chien le plus hardi la gorge pantelante :** la gorge pantelante du chien le plus hardi의 도치.

6) **jusqu'à la garde :** 「완전히」.

Nos fusils l'entouraient en sinistre croissant.
Il nous regarde encore, ensuite il se recouche,
Tout en léchant le sang répandu sur sa bouche,
Et, sans daigner savoir comment il a péri,
Refermant ses grands yeux, meurt sans jeter un cri.[1]

II

J'ai reposé mon front sur mon fusil sans poudre,
Me prenant à penser,[2] et n'ai pu me résoudre
A poursuivre sa Louve et ses fils qui, tous trois,
Avaient voulu l'attendre, et, comme je le crois,
Sans ses deux louveteaux la belle et sombre veuve
Ne l'eût pas laissé seul subir la grande épreuve;
Mais son devoir était de les sauver, afin
De pouvoir[3] leur apprendre à bien souffrir la faim,
A ne jamais entrer dans le pacte des villes[4]
Que l'homme a fait avec les animaux serviles[5]
Qui chassent devant lui, pour avoir le coucher,
Les premiers possesseurs du bois et du rocher.

---

1) **meurt sans jeter un cri**: 이 대목이 늑대의 장엄한 죽음을 가장 잘 표현한 구절이다.

2) **Me prenant à penser**: se prendre à+*inf*. (…하기 시작하다). se prendre à pleurer 「울기 시작하다」.

3) **afin de+*inf***: 숙어. 불시에서는 이와 같이 문법상으로나 의미상으로 한 시행에서 완전히 끝나지 못하고 다음 시행에 연결되는 것을 enjambement (擲置)이라고 부른다. 고전 불시에서는 enjambement 현상을 허용하지 않았으나 낭만주의부터 다소 허용하게 되었다.

4) **A ne jamais entrer dans le pacte des villes**: A는 윗 행의 apprendre에 걸린다. 「시중 협약에 결코 가담하지 않을 것을」.

5) **les animaux serviles**=les animaux domestique. faire une pacte avec *qn*.(…와 협약을 맺다).

III

Hélas ! ai-je pensé, malgré ce grand nom d'Hommes,
Que j'ai honte de nous, débiles que nous sommes ![1]
Comment[2] on doit quitter la vie et tous ses maux,
C'est vous qui le savez, sublimes animaux !
A voir ce que l'on fut sur terre et ce qu'on laisse,[3]
Seul le silence est grand ; tout le reste est faiblesse.
— Ah ! je t'ai bien compris, sauvage voyageur,
Et ton dernier regard m'est allé jusqu'au cœur !
Il disait : « Si tu peux, fais que[4] ton âme arrive,
A force de rester studieuse et pensive,[5]
Jusqu'à ce haut degré de stoïque fierté
Où, naissant[6] dans les bois, j'ai tout d'abord monté.
Gémir, pleurer, prier est également lâche.
Fais énergiquement ta longue et lourde tâche
Dans la voie où le Sort[7] a voulu t'appeler,
Puis après, comme moi, souffre et meurs sans parler. »

Les destinées

---

1) **débiles que nous sommes :** débiles는 que 다음 nous의 속사 (attribut)이며 앞에 있는 nous를 수식한다. 「우리 인간이 처해 있는 나약한 (우리)」.

2) **Comment :** comment이나 que 등 의문대명사가 이끄는 절이 그 다음 오는 절의 동사의 직접 목적이 되는 경우가 있으며, 종속의문절의 보족어 (補足語) 용법이다. *ex.* Que le travail soit un trésor, vous le savez. (일이 일종의 보물이란 것을 당신은 알 것이다). 「사람이 어떻게 죽고 어떻게 재앙을 벗어나는 지를 아는 것은 바로 너다」.

3) **A voir ce que l'on fut sur terre et ce qu'on laisse :** à+*inf* 는 조건, 가정, 상태, 이유, 목적, 방법, 등을 표시한다. 여기서는 가정을 나타내는 것으로 「사람이 지상에서 어떤 존재이며 무엇을 남겼는지 생각해 본다면」.

4) **fais que :** fais pour que의 대용이며 「하도록 하라」.

5) **A force de rester studieuse et pensive :** à force de+*inf*. (대단히…하기 때문에, 많이…한 덕분으로). 「대단히 노력하고 심사숙고 하였기 때문에」.

6) **naissant :** 이유를 나타내는 동사적 현재 분사.

7) **Dans la voie où le Sort... :** 「운명의 신이…할 정도로」.

LE MONT DES OLIVIERS[1]

I

Alors il était nuit et Jésus marchait seul,[2]
Vêtu de blanc ainsi qu'un mort de son linceul;
Les disciples dormaient au pied de la colline.
Parmi les oliviers, qu'un vent sinistre incline,[3]
Jésus marche à grands pas en frissonnant comme eux;[4]
Triste jusqu'à la mort, l'œil sombre et ténébreux,
Le front baissé, croisant les deux bras[5] sur sa robe
Comme un voleur de nuit cachant ce qu'il dérobe;[6]
Connaissant les rochers mieux qu'un sentier uni,
Il s'arrête en un lieu nommé Gethsémani.[7]
Il se courbe, à genoux, le front contre la terre,
Puis regarde le ciel en appelant: « Mon Père! »
— Mais le ciel reste noir,[8] et Dieu ne répond pas.
Il se lève étonné, marche encore à grands pas,
Froissant les oliviers qui tremblent. Froide et lente,

---

1) 이 시는 1864년 6월에 *Reveu des deux Mondes*에 게재했다가 *Le silence*를 마지막에 첨부하여 1862년에 다시 발표했다. 이 시는 비극적인 극기주의(le pessimisme stoïque) 사상을 표시한 Vigny 작품에 가장 대표적인 것이다. Vigny는 Jésus의 입을 통하여—자기 자신의 입을 통하여—추상적인 인간의 희망과 기만 당한 희망을 절규하고 있다. 지면 관계상 1, 3부만 취급하고 2부는 제외했다.
2) 그리스도는 수난 전날 밤에 겟세마니 동산에서 홀로 올라가서 하느님께 피땀이 흐르도록 기도했다.
3) **incline**: 원래 뜻은 「기울어지다」이지만 여기서는 「불어오다」임.
4) **comme eux**=comme les oliviers.
5) **croisant les deux bras**: 「팔장을 끼고」.
6) **un voleur de nuit cachant ce qu'il dérobe**: 「훔친 것을 숨기는 밤도적」.
7) **Géthsémani**: 감람나무 산에 있으며 그리스도가 십자가에 못박히던 전날 밤에 기도드리던 동산.
8) **le ciel reste noir**: 하느님은 빛이며 항상 빛 속에서 나타난다.

Découle de sa tête une sueur sanglante.[1]
Il recule, il descend, il crie avec effroi :
« Ne pouviez-vous prier et veiller avec moi ? »
Mais un sommeil de mort accable les apôtres,
Pierre à la voix du maître est sourd comme les autres.[2]
Le Fils de l'Homme alors remonte lentement.
Comme un pasteur d'Égypte[3] il cherche au firmament
Si l'Ange ne luit pas au fond de quelque étoile.
Mais un nuage en deuil s'étend comme le voile
D'une veuve, et ses plis entourent le désert.
Jésus, se rappelant ce qu'il avait souffert
Depuis trente-trois ans, devint homme, et la crainte
Serra son cœur mortel d'une invincible étreinte.[4]
Il eut froid.[5] Vainement il appela trois fois :
« Mon Père ! » — Le vent seul répondit à sa voix.
Il tomba sur le sable assis,[6] et, dans sa peine,
Eut sur le monde et l'homme une pensée humaine.
— Et la terre trembla, sentant la pesanteur
Du Sauveur qui tombait aux pieds du Créateur.

II

....

1) **Froide et lente, découle de sa tête une sueur sanglante :** une sueur sanglante, froide et lente découle de sa tête의 형태. 문법적으로는 froide et lente을 주어의 동격속사라고 하며, 이처럼 virgule로 분리하여 문장 앞에나 뒤에 오면 뜻이 더욱 강해진다.
2) **Pierre à la voix du maître est sourd comme les autres**=Pierre est sourd **à la voix** du maîtres. 「베드로는 다른 종도들처럼 스승(예수)의 목소리를 못 알아들었다」.
3) **un pasteur d'Égypte** : 「이집트의 목자」. 모세를 가리킴.
4) **son cœur mortel d'une invincible étreinte:** 인성과 신성을 띤 그리스도가 죽음을 앞두고 번민하기 때문에 「견잡을 수 없이 억눌리고 죽을 듯한 가슴」이다.
5) **Il eut froid:** 「추웠다」.
6) **Il tomba sur le sable assis**=Il tomba assis sur le sable. 이렇게 주저 앉는 것이 이스라엘 민족 풍속으로는 슬픔에 못이겨 취하는 자세임.

III

Ainsi le divin Fils parlait au divin Père.
Il se prosterne encore, il attend, il espère,
Mais il renonce et dit : « Que votre volonté
Soit faite[1] et non la mienne et pour l'éternité ! »
Une terreur profonde, une angoisse infinie
Redoublent sa torture et sa lente agonie.
Il regarde longtemps, longtemps cherche sans voir.
Comme un marbre de deuil tout le ciel était noir ;
La Terre sans clartés, sans astre et sans aurore,
Et sans clartés de l'âme ainsi qu'elle est encore,[2]
Frémissait. — Dans le bois il entendit des pas,
Et puis il vit rôder la torche de Judas.[3]

LE SILENCE

S'il est vrai qu'au Jardin sacré des Écritures,[4]
Le Fils de l'Homme[5] ait dit ce qu'on voit rapporté ;[6]
Muet, aveugle et sourd[7] au cri des créatures,

---

1) **Que votre volontée soit faite :** Que+접속법 형태는 희망, 명령 기원을 나타냄. 「당신의 뜻대로 이루워지도록」.

2) **ainsi qu'elle est encore :** 「지금도 역시 그렇지만」.

3) **Judas :** 그리스도를 배반한 12종도 중 한사람. il vit rôder la torche는 <지각동사+***inf.***>의 형식. 종속 부정법의 주어는 la torche고 동시에 vit 동사의 직접목적보어가 된다. 「그는 횃불이 방황하는 것을 보았다」.

4) **Jardin sacré des Écritures :** 「복음서에 기록된 감람나무산」.

5) **Le Fils de l'Homme :** Fils de Dieu의 뜻으로 그리스도.

6) **ce qu'on voit rapporté :** 「이야기한 것」.

7) **Muet, aveugle et sourd :** 다음 행 le Ciel(하느님)의 동격 (apposition) 형용사로서 상태 부사에 가까운 역할을 한다. 그러므로 「벙어리고 눈멀고 귀머거리인 하느님」 또는 「묵묵히 보지도 않고 듣지도 않는 하느님…」이라고 해도 무방하다. p. 33. 주) 1 참조.

Si le Ciel nous laissa comme un monde avorté,[1]
Le juste opposera le dédain à l'absence,[2]
Et ne répondra plus que par un froid silence
Au silence éternel de la Divinité.[3]

Les destinées

LE COR[4]

POÈME

I

J'aime le son du Cor, le soir, au fond des bois,
Soit qu'il chante les pleurs de la biche aux abois,[5]
Ou[6] l'adieu du chasseur que l'écho faible accueille,
Et que le vent du nord porte de feuille en feuille.

Que de fois,[7] seul, dans l'ombre à minuit demeuré[8]
J'ai souri de l'entendre, et plus souvent pleuré!
Car je croyais ouir de ces bruits prophétiques
Qui précédaient la mort des Paladins antiques.[9]

---

1) **un monde avorté**: 〈좌절 당한 현세〉.
2) **Le juste opposera le dédain à l'absence**: Le juste는 정의의 인사, à l'absence는 신의 부재에 대해. 「정의의 사람들은 신의 부재에 대하여 경멸로 대할 것이다」. 여기서 Vigny의 무신론적인 사상을 드러내고 있다.
3) **Divinité**=Dieu.
4) 이 시는 1826년에 Vigny가 Pau 지방 수비대에서 보병 대위로 복무할 때 쓴 것이다. 사인이 피레네 산맥에서 각적(角笛) 소리를 들으면서 778년에 이 지방에서 전사한 Charlemagne 대제 휘하의 유명한 장군 Roland을 회상한다. Roland 장군의 전투에 대해 구전(口傳)으로 내려오던 영웅적인 일화를 토대로 이 시를 썼다. 또한 시인은 그 지방의 아름다운 자연의 광경과 모든 추억을 아름답게 묘사하고 있다.
5) **la biche aux abois**: 「궁지에 몰린 사슴」.
6) **Soit qu'il...ou**: 「…이든지…이든지」. p. 19 주 3) 참조.
7) **Que de fois**=Combien de fois.
8) **dans l'ombre à minuit demeuré**=demeuré dans l'ombre à minuit. demeuré는 다음 행 Je에 걸리는 부대적 상태를 표시하는 동사적 과거분사. 「밤중 어둠속에 홀로 남아서」.
9) **précédaient la mort des Paladins antiques**: Paladins antiques 는 Charlemagnes 대제 때의 무사들을 가리킨다. 「고대 무사들의 죽음을 예고한」

O montagnes d'azur ! ô pays adoré !
Rocs de la Frazona, cirque du Marboré,[1]
Cascades qui tombez des neiges entraînées,
Sources, gaves, ruisseaux, torrents des Pyrénées ;

Monts gelés et fleuris, trône des deux saisons,
Dont le front est de glace et le pied de gazons !
C'est là qu'il faut s'asseoir, c'est là qu'il faut entendre
Les airs lointains d'un Cor mélancolique et tendre.

Souvent un voyageur, lorsque l'air est sans bruit,
De cette voix d'airain[2] fait retentir la nuit ;
A ses chants cadencés autour de lui se mêle
L'harmonieux grelot du jeune agneau qui bêle.

Une biche attentive, au lieu de se cacher,
Se suspend immobile[3] au sommet du rocher,
Et la cascade unit, dans une chute immense,
Son éternelle plainte au chant de la romance.

Ames des Chevaliers, revenez-vous encor ?[4]
Est-ce vous qui parlez avec la voix du Cor ?
Roncevaux ![5] Roncevaux ! dans ta sombre vallée
L'ombre du grand Roland n'est donc pas consolée !

---

1) **Frazona, Marboré :** Marboré는 서부 피레네 산맥에 있는 중앙 산악지대. 원형 계곡이 있음. Frazona는 불어로 Estacou인 산악지대 이름.
2) **De cette voix d'airain :** 「청동의 피리 소리로」. 이 구는 la nuit 다음에 가야 함.
3) **Se suspend immobile :** 「끔쩍 않고 우뚝 서 있다」.
4) **revenez-vous encor**는 다음행 cor와 운을 맞추기 위해서임. 「아직 나타나느냐 ?」.
5) **Roncevaux :** 피레네 산맥에 있으며 사방에 숲이 우거진 스페인의 마을 이름. 778년에 Charlemagne 대제의 수비대 사령관이던 Roland 장군이 당시 스페인을 습격한 회교도의 기습을 받고 전사한 것이 바로 이 지역이다. 적군은 Roncevaux 계곡에서 수비대가 있는 왼쪽에서 큰 바위를 굴러뜨려 수비대를 섬멸시켰다.

II

Tous les preux étaient morts, mais aucun n'avait fui.
Il reste seul debout, Olivier près de lui;[1]
L'Afrique sur les monts l'entoure[2] et tremble encore.
« Roland, tu vas mourir, rends-toi,[3] criait le More;

« Tous tes pairs sont couchés dans les eaux des torrents. »—
Il rugit comme un tigre, et dit: « Si je me rends,
Africain, ce sera lorsque les Pyrénées
Sur l'onde avec leurs corps rouleront entraînées. »

—« Rends-toi donc, répond-il, ou meurs, car les voilà. »
Et du plus haut des monts un grand rocher roula.
Il bondit, il roula jusqu'au fond de l'abîme,
Et de ses pins, dans l'onde, il vint briser la cime.[4]

—« Merci, cria Roland; tu m'as fait un chemin. »
Et jusqu'au pied des monts le roulant d'une main,
Sur le roc affermi comme un géant s'élance,
Et, prête à fuir, l'armée à ce seul pas balance.[5]

III

....

1) **Olivier près de lui:** Olivier는 당시 프랑스의 12 중신 중의 한 사람으로서 Roland 장군과 친분이 있는 친구였다. 전자는 온건하고 후자는 과격하여 서로 대조적인 인물이다. 「그(롤랑장군) 옆에 올리비에가 있었다」.

2) **L'Afrique sur les monts l'entoure**=L'Afrique l'entoure sur les monts. 「아프리카 군대는 산 위에서 롤랑 장군을 포위하고 있다」. L'Afrique는 사라센 민족임.

3) **rends-toi:** se rendre의 명령형. 「항복해라」.

4) **de ses pins, dans l'onde, il vint briser la cime:** il vint briser la cime de ses pins dans l'onde 의 도치. 「소나무 꼭대기를 부러뜨려 물 속에 빠뜨렸다」.

5) **l'armée à ce seul pas balance:** balance는 hésite à partir. 「당신의 군대는 떠나기를 망설인다」.

IV

Sur le plus haut des monts s'arrêtent les chevaux ;[1]
L'écume les blanchit,[2] sous leurs pieds, Roncevaux
Des feux mourants du jour[3] à peine se colore.
A l'horizon lointain fuit l'étendard du More.[4]

— « Turpin, n'as-tu rien vu[5] dans le fond du torrent ? »
— « J'y vois deux chevaliers :[6] l'un mort, l'autre expirant.
Tous deux sont écrasés sous une roche noire ;
Le plus fort dans sa main élève un Cor d'ivoire,
Son âme en s'exhalant[7] nous appela deux fois. »

Dieu ! que le son du Cor est triste au fond des bois !

Écrit à Pau, en *1825*.

Poëmes antiques et modernes

1) **les chevaux :** 바위돌로 기습을 당한 Roland 장군은 최후의 순간에야 각적을 불어 Charlemagnes에게 원병을 청했으나 이미 때는 늦었다. 여기 les chevaux는 Charlemagnes 대제가 Roland 장군을 구원하러 온 병사들의 말들임.
2) **L'écume les blanchit :** 「(말의)땀방울은 말을 하얗게 만들었다」.
3) **Des feux mourants du jour :** 「그날의 저물어가는 햇빛」. se colore 다음에 와야 할것.
4) **More :** 아프리카 회교도인 무어족 군대는 스페인을 습격했다가 Roland 장군의 수비대를 기습하였으나 Charlemagne 대제의 인솔군에 의해 격퇴당함.
5) **≪Turpin, n'as-tu rien vu...≫ :** Turpin은 원정에 수행한 Reims의 대주교. Charlemagne대제가 대주교에게 묻는 말.
6) **deux chevaliers :** Roland과 Olivier.
7) **en s'exhalant :** 「사라져가면서」.

LA MAISON DU BERGER[1]

(Extrait)

I

… Pars courageusement, laisse toutes les villes;
Ne ternis plus tes pieds[2] aux poudres du chemin;
Du haut de nos pensers vois les cités serviles
Comme les rocs fatals[3] de l'esclavage humain.
Les grands bois et les champs sont de vastes asiles,
Libres comme la mer autour des sombres îles.
Marche à travers les champs une fleur à la main.

La Nature t'attend dans un silence austère;
L'herbe élève à tes pieds son nuage des soirs,[4]
Et le soupir d'adieu du soleil à la terre
Balance les beaux lys comme des encensoirs.
La forêt a voilé ses colonnes profondes,
La montagne se cache, et sur les pâles ondes
Le saule a suspendu ses chastes reposoirs.[5]

---

1) 이 시는 1844년에 *la Revue des Deux Mondes*에 발표된 철학시로써 Vigny의 사상의 발전을 단계적으로 비추어 볼 때 가장 중요하고 유명한 시다. 이 시는 어떤 여성—아마 자기 부인인지 아니면 일반적인 여성을 말하는지 밝혀지지 않음—에게 보내는 편지 형식으로 구성되었다. 독자를 이상(理想)으로 인도하려는 사상가인 시인은 자기가 흡사 일반 대중을 등지고 멀리 떨어져 고독한 집에서 사는 목동과 같다고 생각했다. 이러한 명상은 3단계로 전개 된다. 첫째로 〈목동의 집은 헛된 욕망과 문명의 소용돌이에서 벗어나 고독하게 사는 시인의 이상적인 생활이다. 둘째로 시인은 일반 사회에서 부패하고 타락한 현실 속에서도 자기의 꿈을 지켰다. 세째로 목동의 집으로 데려온 Éva에게 혼탁한 사회보다 사랑과 동정을 표시했다. 요컨대 인간을 등지고 고독하게 살면서도 행복하고 평화롭게 사는 목동의 생활을 찬미한 작품이다.

2) **Ne ternis plus tes pieds**: 명령형. 「더 이상 너의 발을 더럽히지 말라」.

3) **les rocs fatals**: 시가지를, 마치 인간을 노예처럼 운명으로 속박한 「숙명적인 바위」에 비유함.

4) **nuage des soirs**: 석양에 나타나는 「저녁 안개」.

5) **a suspendu ses chastes reposoirs**: 버드나무 가지가 늘어져 일종의 요람 같은 천개를 이룬다. 그러므로 「순결한 제단을 늘어뜨렸다」.

Le crépuscule ami s'endort dans la vallée
Sur l'herbe d'émeraude et sur l'or du gazon,
Sous les timides joncs de la source isolée
Et sous le bois rêveur qui tremble à l'horizon,
Se balance en fuyant dans les grappes sauvages,[1]
Jette son manteau gris sur le bord des rivages,
Et des fleurs de la nuit entr'ouvre la prison.[2]

Il est sur ma montagne une épaisse bruyère[3]
Où les pas du chasseur ont peine à se plonger,
Qui plus haut que nos fronts lève sa tête altière,
Et garde dans la nuit le pâtre et l'étranger.[4]
Viens-y cacher l'amour et ta divine faute;[5]
Si l'herbe est agitée ou n'est pas assez haute,
J'y roulerai pour toi la Maison du Berger.[6]

Elle va doucement avec ses quarte roues,
Son toit n'est pas plus haut que ton front et tes yeux;[7]
La couleur du corail[8] et celle de tes joues
Teignent le char nocturne et ses muets essieux.[9]
Le seuil est parfumé, l'alcôve est large et sombre,
Et là, parmi les fleurs, nous trouverons dans l'ombre,
Pour nos cheveux unis, un lit silencieux.

---

1) **les grappes sauvages:** 양골담초꽃과 아카시아꽃 등 「야생의 넝쿨」.
2) **prison:** la prison des fleurs de nuits의 도치로서 저녁에만 피는 분꽃을 가리킨다.
3) **bruyère:** Charante 지방의 산은 Vigny의 소유지며 그 곳에 히드가 울창하다.
4) **l'étranger:** 피난처나 완전한 안식처를 찾는 「나그네」.
5) **ta divine faute:** 「신에 대한 잘못」.
6) **la Maison du Berger:** 목동들이 풀이 많은 곳을 찾아서 옮길 수 있도록 바퀴를 단 일종의 오두막집.
7) **pas plus haut que ton front...,** :목동의 집은 사람 키로 한 키가 채 되지 않는다.
8) **La couleur du corail:** 목동의 집은 빨간색으로 칠함.
9) **ses muets essieux:** 일반 시중 차량의 소란한 것과 대조적으로 「소리없는 차축(車軸)」.

Je verrai, si tu veux, les pays de la neige,
Ceux où l'astre amoureux[1] dévore et resplendit,
Ceux que heurtent les vents, ceux que la neige assiège,
Ceux où le pôle obscur[2] sous sa glace est maudit.
Nous suivrons du hasard la course vagabonde.
Que m'importe le jour ?[3] que m'importe le monde ?
Je dirai qu'ils sont beaux quand tes yeux l'auront dit.....

III

Éva,[4] qui donc es-tu ? Sais-tu bien ta nature ?
Sais-tu quel est ici ton but et ton devoir ?
Sais-tu que, pour punir l'homme, sa créature,
D'avoir porté la main sur l'arbre du savoir,[5]
Dieu permit qu'avant tout, de l'amour de soi-même
En tout temps, à tout âge, il fît son bien suprême,
Tourmenté de s'aimer, tourmenté de se voir ?[6]

Mais si Dieu près de lui t'a voulu mettre, ô femme !
Compagne délicate ! Éva ! sais-tu pourquoi ?
C'est pour qu'il se regarde au miroir d'une autre âme,[7]
Qu'il entende ce chant qui ne vient que de toi :
— L'enthousiasme pur dans une voix suave,

---

1) **l'astre amoureux :** 광선을 정열에 비교하는 「정열의 태양」.
2) **le pôle obscur :** 북극서는 긴 밤이 계속되기 때문에 빛이 없고 컴컴함.
3) **Que m'import le jour :** 「날이 간들 내게 무슨 상관이랴」.
4) Éva는 어떤 여인을 가리키나 (p.39 주 1)), Vigny는 인간 사회에서 환멸을 느꼈기 때문에 그 여인으로부터 위안을 구하려고 한다.
5) **l'arbre du savoir :** 인류의 원조가 따먹은 「지선악과수(知善惡果樹)」.
6) **tourmenté de se voir :** 일상생활에서 찾아 볼 수 있는 자존심과 이기심이 원죄(原罪)의 징벌로 Vigny는 생각함. 대부분의 고통은 자존심 때문에 생긴다. 이러한 현상이 바로 신의 징벌이다. 그러나 그 고통을 덜어주기 위하여 여성이 필요하며 여성을 바라봄으로써 사랑함으로써 위안을 얻게 된다. tourmenté는 그. 윗 행의 l'amour de soi-môme에 연결됨.
7) **il se regarde au miroir d'une autre âme :** 「자기 마음 속에 다른 영혼이 비치는 것을 보기 위하여」.

C'est afin que tu sois son juge et son esclave[1]
Et règnes sur sa vie en vivant sous sa loi.[2]

Ta parole joyeuse a des mots despotiques;
Tes yeux sont si puissants, ton aspect est si fort,
Que les rois d'Orient ont dit dans leurs cantiques
Ton regard redoutable à l'égal de la mort,[3]
Chacun cherche à fléchir tes jugements rapides...
— Mais ton cœur, qui dément tes formes intrépides,[4]
Cède sans coup férir[5] aux rudesses du sort...

Vivez, froide Nature,[6] et revivez sans cesse[7]
Sur nos pieds, sur nos fronts, puisque c'est votre loi;
Vivez, et dédaignez, si[8] vous êtes déesse,
L'Homme, humble passager, qui dut[9] vous être un Roi;
Plus que tout votre règne et que ses splendeurs vaines,
J'aime la majesté des souffrances humaines;[10]
Vous ne recevrez pas un cri d'amour de moi.

---

1) **son juge et son esclave**: 여성은 사랑과 미모로서 남성을 지배하나 사회생활과 가정생활에서는 남성에게 복종한다.
2) **en vivant sous sa loi**: 「남성의 명령을 받고 살면서」.
3) **la mort**: Salomon은 *Le Cantique des Cantiques*에서 「사랑은 죽음처럼 강하다」고 말했다.
4) **dément tes formes intrépides**: 「거만을 부리는 너의 몸매와는 딴판인」.
5) **sans coup férir**: 「조금도 저항하지 않고」.
6) **froide Nature**: Vigny는 자연의 아름다움을 찬미했고 자연의 아름다움을 여성의 아름다움과 비교했다. 그러나 대자연은 인간에게 무감각하고 아무런 반응이 없으며 묵묵히 침묵을 지키면서 경멸을 표시하고 있다. 마치 인간의 호소에 묵묵히 침묵을 지키는 신의 존재처럼. 그러므로 Vigny는 froide(냉정한)Nature라고 생각했다.
7) **sans cesse**: 일시적인 인간에 비하여 항구적이며 「끊임없이」.
8) **si**는 puisque의 뜻임.
9) **qui dut...** :17세기 식의 문체이며 qui aurait dû... 「그대에게 왕이 되어야 할」의 뜻임.
10) **des souffrancea**: 이 말에 Vigny의 철학이 요약된다. 인간의 고통과 재앙을 극기로써 참고 있는 사람에게 다만 사랑과 연민으로써 대하여야 한다는 것임.

Mais toi, ne veux-tu pas, voyageuse indolente,[1]
Rêver sur mon épaule, en y posant ton front?
Viens du paisible seuil de la maison roulante
Voir ceux qui[2] sont passés et ceux qui passeront.
Tous les tableaux humains qu'un Esprit pur[3] m'apporte
S'animeront pour toi, quand devant notre porte,
Les grands pays muets longuement s'étendront.

Nous marcherons ainsi, ne laissant que notre ombre
Sur cette terre ingrate où les morts ont passé;
Nous nous parlerons d'eux à l'heure où tout est sombre,
Où tu te plais à suivre un chemin effacé,
A rêver, appuyée aux branches incertaines,[4]
Pleurant, comme Diane[5] au bord de ses fontaines,
Ton amour taciturne et toujours menacé.

Les Destinées

1) **voyageuse indolente:** tu(여성)와 동격임.
2) **ceux qui...:**「…한 인간」.
3) **Esprit pur:** Vigny가 만년에 죽음에 대하여 쓴 시.
4) **incertaines:** 어두워서「잘 알아볼 수 없는」.
5) **Diane:** Diane는 사냥꾼 처녀였는데 자기 애인 Orion이 죽고 다른 사람과의 사랑에는 관심이 없어 샘가에서 자주 울었다고 함

VICTOR HUGO

(1802 — 1885)

SAISON DES SEMAILLES, LE SOIR[1]

C'est le moment crépusculaire.
J'admire, assis sous un portail,
Ce reste de jour dont s'éclaire
La dernière heure du travail.[2]

Dans les terres de nuit baignées,[3]
Je contemple, ému, les haillons
D'un vieillard qui jette à poignées[4]
La moisson future[5] aux sillons.

Sa haute silhouette noire
Domine les profonds labours.[6]
On sent à quel point il doit croire
A la fuite utile des jours.[7]

---

1) 이 작품은 1865년에 남루한 노인의 파종하는 광경을 octosyllabe(8음절 시행)로 장중하게 묘사했다. 이 시는 원래 Millet의 le Semeur (만종)에서 영감을 받고 시로 옮겼다고 함. Hugo의 시적 재능은 위대한 그림에서 보다 시에서 더 감동시켰다. 그는 화가가 그림을 그리듯이 장면 하나 하나를 샅샅이 묘사했다.

2) **La dernière heure du travail**: 황혼의 광경을, 일하는 장면과 관련시킴으로 더욱 아름다운 장면이 된다.

3) **de nuit baignées**=baignées de nuit. 「밤 이슬에 젖은」이며 terres를 수식함.

4) **jette à poignées**: 「한 줌 가득히 뿌리다」. poignées는 단수로 사용해도 무방하나 첫 행의 baignées와 운을 맞추기 위해서 복수로 했다.

5) **La moisson future**: le grain (씨앗)을 의미하며 벌써 추수를 연상시킨다.

6) **Domine les profonds labours**: 「큰 밭대기(경작지)를 차지하고 있다」.

7) **il doit croire à la fuite utile des jours**: 매미가 한가롭게 시간을 보내는 것은 시간의 낭비지만, 농부가 씨를 뿌리고 추수할 때까지는 하루 하루 시간의 흐름이 필요하다. 「그는 나날의 유익한 흐름을 어느 정도 믿고 있음에 틀림 없다」.

Il marche dans la plaine immense,
Va, vient, lance la graine au loin,
Rouvre sa main, et recommence.
Et je médite, obscur témoin;[1]

Pendant que, déployant ses voiles,
L'ombre,[2] où se mêle une rumeur,
Semble élargir jusqu'aux étoiles
Le geste auguste[3] du semeur.

Les Chansons des Rues et des Bois

L'ENFANT[4]

Lorsque l'enfant paraît, le cercle de famille[5]
Applaudit à grands cris. Son doux regard qui brille
　　Fait briller tous les yeux,
Et les plus tristes fronts, les plus souillés peut-être,
Se dérident soudain à voir l'enfant paraître,
　　Innocent et joyeux.[6]

---

1) **obscur témoin**: 「알려지지 않은 증인」은 앞의 Je의 동격속사임.
2) **L'ombre**: 원래는 어두움의 뜻이나 여기서는 「그림자」를 의미함. 태양이 지평선에 기울어짐에 따라 그림자가 점점 더 커져서 별 있는데 까지 확대되는 듯 하다는 뜻임.
3) **Le geste auguste**: 「거룩한 동작」은 윗 절 마지막 행의 médite의 직접목적 보어다.
4) 이 작품은 1830년에 쓴 것이다. Hugo는 누구보다도 아이들을 소재로 많은 시를 썼다. 그는 4남매의 아버지로서 자기 자식, 손자, 손녀 등 가족을 소재로 많은 작품을 다루었다. 특히 장녀 Léopoldine가 익사한 후 아름다운 시 몇 편을 *les Contemplations*에 남겼다. 이 시는 손자를 가운데 두고 둘러 앉아 느끼는 조용하고 평온한 분위기를 묘사한 작품이다.
5) **le cercle de famille**: 「둘러앉은 가족」.
6) **à voir l'enfant paraître, innocent et joyeux**: à+*inf*는 조건, 가정, 이유, 목적, 수단, 방법 등을 나타낸다. 여기서는 가정을 나타낸다. innocent et joyeux는 l'enfant의 동격임. 이처럼 동격이 문두나 문미에 오는 경우 주어와 동격일 경우도 있고 목적어와 동격일 때도 있다. 「천진난만하고 쾌활한 아이가 나타나는 것을 본다면」.

Soit que juin ait verdi mon seuil, ou que novembre
Fasse autour d'un grand feu vacillant dans la chambre
Les chaises se toucher,
Quand l'enfant vient, la joie arrive et nous éclaire,
On rit, on se récrie, on l'appelle, et sa mère
Tremble à le voir marcher.[1]

Quelquefois nous parlons, en remuant la flamme,
De patrie et de Dieu, des poètes, de l'âme
Qui s'élève en priant ;
L'enfant paraît, adieu le ciel et la patrie
Et les poètes saints ! la grave causerie
S'arrête en souriant.

La nuit, quand l'homme dort, quand l'esprit rêve, à l'heure
Où l'on entend gémir, comme une voix qui pleure,
L'onde entre les roseaux,[2]
Si l'aube tout à coup là-bas luit comme un phare,
Sa clarté dans les champs éveille une fanfare
De cloches et d'oiseaux !

Enfant, vous êtes l'aube et mon âme est la plaine
Qui des plus douces fleurs embaume son haleine[3]
Quand vous la respirez ;
Mon âme est la forêt dont les sombres ramures
S'emplissent pour vous seul de suaves murmures
Et de rayons dorés.

---

1) **à le voir marcher :** p 45 주 6) 참조.
2) **L'onde entre les roseaux :** 지각동사+*inf*의 형식이며 윗 행 entend 동사의 직접목적보어가 되며 동시에 종속부정법 gémir의 주어가 된다.
3) **Qui des plus douces fleurs embaume son haleine :** qui embaume son haleine **des** douces fleurs. 「가장 상쾌한 꽃의 숨결의 향기가 나는」.

Car vos beaux yeux sont pleins de douceurs infinies,
Car vos petites mains, joyeuses et bénies,
N'ont point mal fait encor;
Jamais vos jeunes pas n'ont touché notre fange.[1]
Tête sacrée! enfant aux cheveux blonds, bel ange
A l'auréole d'or!

...Il est si beau, l'enfant, avec[2] son doux sourire,
Sa douce bonne foi, sa voix qui veut tout dire,
Ses pleurs vite apaisés,
Laissant errer sa vue[3] étonnée et ravie,
Offrant de toutes parts sa jeune âme à la vie
Et sa bouche aux baisers!

Seigneur, préservez-moi, préservez ceux que j'aime,
Frères, parents, amis, et mes ennemis[4] même
Dans le mal triomphants,[5]
De[6] jamais voir, Seigneur, l'été sans fleurs vermeilles,
La cage sans oiseaux, la ruche sans abeilles,
La maison sans enfants!

Feuilles d'automne—Hetzel, éditeur.

1) **fange**: 원래 뜻은 진흙이나 상징적으로 「어른이 물들어있는 죄악」을 의미한다.
2) **avec**: 이유를 나타낸다.
3) **Laissant errer sa vue**: 「시선가는 대로 내맡겨두는」.
4) **Frères, parents, amis, et mes ennemis**: ceux que j'aime와 동격임.
5) **Dans le mal triomphants**: triomphants dans le mal의 도치임.
6) **De**: 첫 행 preservez와 연결된다. preservez *qn* de+*inf* 는 「…하도록…를 지켜주소서」

BOOZ ENDORMI[1]

Booz s'était couché de fatigue accablé;
Il avait tout le jour travaillé dans son aire;[2]
Puis avait fait son lit à sa place ordinaire;
Booz dormait auprès des boisseaux pleins de blé.

Ce vieillard possédait des champs de blés et d'orge;
Il était, quoique riche, à la justice enclin;[3]
Il n'avait pas de fange[4] en l'eau de son moulin;
Il n'avait pas d'enfer dans le feu de sa forge.[5]

Sa barbe était d'argent comme un ruisseau d'avril.[6]
Sa gerbe n'était point avare ni haineuse;[7]
Quand il voyait passer quelque pauvre glaneuse:
— Laissez tomber exprès des épis, disait-il.

Cet homme marchait pur loin des sentiers obliques,[8]
Vêtu de probité candide et de lin blanc;

---

1) 이 시는 1859년 *La Légende des Siècles*에 발표한 것임. 이 작품은 〈누가 복음〉에서 영감을 받았다. 성서에는 보아브의여인 루가의 남편이 Booz다. Hugo는 추수하는 농장에서 부유하고 권력있는 Booz의 잠자는 모습을 묘사했다. 하느님이 Booz에게 영광스러운 후손을 약속하는 꿈을 꾸었다. Booz의 발 밑에는 추수기에 이삭을 줍던 루가가 비스듬히, 누워서 하늘을 바라보며 명상에 잠겨있다. Hugo 이전에도 Booz와 루가에 대한 작품은 많았다. 그러나 Hugo의 이 시가 다른 모든 작품을 능가한다. 환경 묘사와 작품 묘사에 조화를 이룸.
2) **aire**: 「보리타작 마당」.
3) **à la justice enclin**: enclin à la justice의 도치. 부유하지만 권력이나 재력을 남용하여 약한 사람을 억압하지 않았고 「정의에 따라 사는 경향이 있었다」.
4) **fange**: 원뜻은 「진흙」이지만 상징적으로 죄악의 생활을 의미한다. 「다는 뜻.
5) **Il n'avait pas d'enfer dans le feu de sa forge**: 그는 부정으로 재물을 획득하지 않았
6) **un ruisseau d'avril**: 해빙기를 지나서 4월의 개울물은 더욱 더 맑고 희다.
7) **ne...point avare ni**: 「기꺼이 준다」. haineuse: 「미워하지 않는다」는 뜻임.
8) **des sentiers obliques**: 선의 길은 곧고 악의 길은 구부러졌다. 「악행의 길을 멀리하고 청렴하게 걷는다」.

Et, toujours du côté des pauvres ruisselant,
Ses sacs de grains semblaient des fontaines publiques.[1]

Booz était bon maître et fidèle parent ;[2]
Il était généreux, quoiqu'il fût économe ;
Les femmes regardaient Booz plus qu'un jeune homme,
Car le jeune homme est beau, mais le vieillard est grand.

Le vieillard, qui revient vers la source première,[3]
Entre aux jours éternels[4] et sort des jours changeants ;
Et l'on voit de la flamme[5] aux yeux des jeunes gens,
Mais dans l'œil du vieillard on voit de la lumière.[6]

Donc, Booz dans la nuit dormait parmi les siens ;
Près des meules,[7] qu'on eût prises pour des décombres,
Les moissonneurs couchés faisaient des groupes[8] sombres ;
Et ceci se passait dans des temps très anciens.[9]

Les tribus d'Israël avaient pour chef un juge ; [10]
La terre, où l'homme errait sous la tente, inquiet
Des empreintes de pieds de géants[11] qu'il voyait,
Était mouillée encore et molle du déluge.

---

1) **des fontaines publiques:** 필요할 때는 항상 물을 긷는「공중우물」.
2) **fidèle parent:**「자기 의무를 다하는 아버지」.
3) **la source première:** 사후에 영혼이 돌아가는「생명의 근원」.
4) **jours éternels:** 이 세상의 변화하는 날과 반대로「영원한 세월」.
5) **la flamme:**「열렬한 정렬」.
6) **la lumière:**「예지」.
7) **meules:** 맷돌로 된「방아간」.
8) **faisaient des groupes:**「무리를 이루었다」.
9) **dans des temps très anciens:**「무척 오래 전에」.
10) **un juge:** 아주 옛날에 왕이 생기기 이전엔 판사가 국가를 통치했다.
11) **Des empreintes de pieds de géants:** 창세기 때「거인들의 발자취」.

Comme dormait Jacob,[1] comme dormait Judith,[2]
Booz, les yeux fermés, gisait sous la feuillée;
Or, la porte du ciel s'étant entre-bâillée
Au-dessus de sa tête, un songe en descendit.

Et ce songe était tel, que Booz vit un chêne[3]
Qui, sorti de son ventre, allait jusqu'au ciel bleu;
Une race y montait comme une longue chaîne;
Un roi[4] chantait en bas, en haut mourait un dieu.[5]

Et Booz murmurait avec la voix de l'âme: [6]
« Comment se pourrait-il que de moi ceci vînt? [7]
Le chiffre de mes ans[8] a passé quatre-vingt,
Et je n'ai pas de fils, et je n'ai plus de femme.

« Voilà longtemps que celle[9] avec qui j'ai dormi,
O Seigneur! a quitté ma couche pour la vôtre[10];
Et nous sommes encor tout mêlés[11] l'un à l'autre,
Elle à demi vivante et moi mort à demi.

---

1) **Jacob**: 이스라엘의 12종족 중 하나인 히브리아 민족의 종장이며 Isac과 Rébecca의 아들.
2) **Judith**: Booz나 Jacob 보다 훨씬 먼저인 기원전 7세기 때 인물이며, Holopherne를 죽임으로써 Béthuilie 도시를 구한 유태인의 용감한 장군.
3) **un chêne**: 이 참나무는 창세기의 민족까지 소급되는 그리스도의 족보를 상징하는 루가(Ruth)와 Booz의 후손들을 나타낸다. 그리고 Jocob도 유사한 꿈을 꾸었는데, 땅에서 하늘까지 닫는 사닥다리가 있었고 그 꼭대기에 천사들이 있었다. 이 꿈도 역시 후손들을 상징한다.
4) **Un roi**: Davide 왕을 말하며 그는 수금(竪琴)을 연주하면서 시편(詩篇)을 지었다고 함.
5) **dieu**=Jésus Christ.
6) **la voix de l'âme**: 「입속 말」.
7) **Comment se pourrait-il que de moi ceci vînt?**: comment se pourrait-il que+*sub*는 「…할지도 모르겠다」로 의혹을 나타낸다. vînt는 venir의 접속법 반과거이며 다음 행의 quatre-vingt과 운을 맞추기 위해서 ceci vînt de moi로 도치.
8) **Le chiffre de mes ans**: 「연령, 연세」.
9) **celle**: 「그의 첫 부인」을 가리킨다.
10) **pour la vôtre**: 자기 부인이 죽어서 자기를 떠나 천국으로 승천했다는 뜻임.
11) **encor tout mêlés**: encor는 encore인 바 한 음절 줄여서 모두 12음절로 만들기 위해서임. tout mêlés는 자기 부인에 대한 충실감을 나타내는 말로서 「완전히 결합되었다」.

« Une race naîtrait de moi ! Comment le croire ?
Comment se pourrait-il que j'eusse des enfants ?
Quand on est jeune, on a des matins triomphants ;[1]
Le jour sort de la nuit comme d'une victoire ;[2]

Mais vieux, on tremble ainsi qu'à l'hiver le bouleau ;
Je suis veuf, je suis seul, et sur moi le soir tombe,[3]
Et je courbe, ô mon Dieu ! mon âme vers la tombe,[4]
Comme un bœuf ayant soif penche son front vers l'eau. »

Ainsi parlait Booz dans le rêve et l'extase,[5]
Tournant vers Dieu ses yeux par le sommeil noyés ;[6]
Le cèdre ne sent pas une rose[7] à sa base,
Et lui ne sentait pas une femme à ses pieds.

Pendant qu'il sommeillait, Ruth, une moabite,[8]
S'était couchée aux pieds de Booz, le sein nu,
Espérant on ne sait quel rayon inconnu,[9]
Quand viendrait du réveil la lumière subite.[10]

Booz ne savait point qu'une femme était là,
Et Ruth ne savait point ce que Dieu voulait d'elle.[11]

---

1) **des matins triomphants**: 「희망」을 상징함.
2) **comme d'une victoire**: 어떤 에집트의 종교에서는 태양의 신이 밤의 신과 투쟁하여 승리하여 낮이 된다고 생각하고 있는 이미지임.
3) **sur moi le soir tombe**=le soir tombe sur moi. le soir는 le soir de la vie(만년, 노년)의 뜻으로 가까운 장래에 죽음의 그림자가 자기 위에 떨어짐을 상징함.
4) **la tombe**: 죽음을 영혼의 안식처로 생각함.
5) **dans le rêve et l'extase**: 그는 공상에 사로잡혔을 뿐만 아니라 하느님을 명상하면서 황홀경에 도취되었음.
6) **ses yeux par le sommeil noyés**=ses yeux noyés par le sommeil. 「잠에 취한 눈」.
7) **Le cèdre ne sent pas une rose**: le cèdre (서양 삼나무)는 정력과 장수를 상징하는 나무이며 rose는 섬세하고 나약함을 상징하는 나무임.
8) **il sommeillait, Ruth, une moabite**: Ruth는 앞의 il의 同格(apposition)임. une moabite는 〈모아브 여인〉을 가리키며 모아브는 중앙아라비아의 지명.
9) **on ne sait quel rayon inconnu**: 「어떤 빛인지 모를 낯선 광선」. 「오르는 광명.
10) **du réveil la lumière subite**=la lumière subite du réveil. 「잠을 깨면서 갑자기 번쩍 떠
11) **d'elle**: 「자기 자신(Ruth)으로 부터」.

Un frais parfum sortait des touffes d'asphodèle;
Les souffles de la nuit flottaient sur Galgala.[1]

L'ombre était nuptiale, auguste et solennelle;
Les anges y volaient sans doute obscurément,[2]
Car on voyait passer dans la nuit, par moment,
Quelque chose de bleu[3] qui paraissait une aile.

La respiration de Booz qui dormait
Se mêlait au bruit sourd des ruisseaux sur la mousse.
On était dans le mois[4] où la nature est douce,
Les collines ayant des lys[5] sur leur sommet.

Ruth songeait et Booz dormait; l'herbe était noire;
Les grelots des troupeaux palpitaient vaguement;
Une immense bonté tombait du firmament;
C'était l'heure tranquille où les lions vont boire[6]

Tout reposait dans Ur et dans Jérimadeth; [7]
Les astres émaillaient le ciel profond et sombre;

---

1) **Galgala:** 고대 이스라엘의 12 지족(支族) 중 하나인 베냐민(야곱의 막내아들)의 후손이 살던 유대의 옛 도시명. souffles는 「소슬바람」.
2) **obscurément:** 「보이지 않게」. 지상에서 하늘에 이르는 즉 그리스도의 족보(가계)를 상징하는 사닥다리. 주의 천사가 날아다니는 야곱의 꿈을 환기시킴.
3) **Quelque chose de bleu:** 부정대명사나 <부정형용사+명사>를 수식하는 형용사는 de를 중계로 수식한다. *ex.* rien *de* nouveau.
4) **dans le mois:** 언덕 위에 백합이 피는 달이므로 4월을 가리킨다.
5) **lys:** 백합은 순결과 평화를 상징하는 꽃이므로 평온하고 조용한 분위기를 자아낸다. ayant은 독립분사절로서 이유를 나타내고 있다.
6) **les lions vont boire:** 「사자들이 물먹으러 가는」 시간이므로 역시 평화롭고 조용한 시간이다.
7) **dans Ur et dans Jérimadeth:** Ur는 칼데아(Chaldée, 바빌로니아 지방)의 옛 도시이며, Jérimadeth는 성서에 나오는 옛 도시 Jerahmeel을 가지고 Hugo가 만들어 낸 도시 이름. 모두 베들레헴 광야에 있다.

Le croissant fin et clair parmi ces fleurs de l'ombre[1]
Brillait à l'occident,[2] et Ruth se demandait,

Immobile, ouvrant l'œil à moitié sous ses voiles,
Quel dieu, quel moissonneur de l'éternel été,[3]
Avait, en s'en allant, négligemment jeté
Cette faucille d'or[4] dans le champ des étoiles.

La Légende des Siècles

VENI, VIDI, VIXI[5]

J'ai bien assez vécu,[6] puisque dans mes douleurs
Je marche, sans trouver de bras qui me secourent,
Puisque je ris à peine aux enfants[7] qui m'entourent,
Puisque je ne suis plus réjoui par les fleurs ;

Puisqu'au printemps, quand Dieu met la nature en fête,
J'assiste, esprit sans joie, à ce splendide amour ;

---

1) **ces fleurs de l'ombre**: 「성좌(星座)」.

2) **l'occident**: 새벽이 가까왔으므로 「서쪽에서」 빛난다.

3) **l'éternel été**: 별의 추수는 매일 저녁 반복되므로 éternel(끝없는)이란 형용사를 사용했다.

4) **Cette faucille d'or**: 「황금 낫」은 「초생달」을 가리키며 전원의 이미지를 잘 나타내고 있다.

5) 1843년 9월 4일 Hugo가 가장 사랑하던 딸 Léopoldine Hugo가 그의 사위와 함께 익사한 사실은 유명한 사건이다. 그는 비애와 슬픔을 달래기 위해 1848년 4월 23일 실시한 제헌국회의원 출마를 하고 4월 11일 이 시를 썼다. 그는 예상대로 낙선되고 6월 4일에 보선에 당선되었다. 이시는 딸의 생일을 맞이하여 딸에 대한 추억과 생의 권태를 묘사한 작품으로서 Lamartine의 *Le Vallon*을 방불케 한 작품이다. 그는 로마 황제 케사르의 말 〈나는 왔다, 보았다, 승리했다〉를 마지막 부분 〈패배 당했다〉로 수정하여 〈나는 왔다, 보았다, 패배 당했다〉라는 말을 이 시의 제목으로 삼았다.

6) **J'ai bien assez vécu**: 시인이 46세 일 때 이 시를 썼지만 시의 제목을 정당화시키기 위해서 「나는 충분히 살았다」라는 표현을 사용했다.

7) **je ris à peine aux enfants**: 시인은 원래 아이들을 좋아했지만 「아이들과 거의 즐기지도 못한다」라는 표현으로 미루어보아 몹시 실망했다는 것을 알 수 있다.

Puisque je suis à l'heure où l'homme fuit le jour,[1]
Hélas ! et sent de tout la tristesse secrète ;

Puisque l'espoir serein[2] dans mon âme est vaincu ;
Puisqu'en cette saison des parfums et des roses,[3]
O ma fille! j'aspire à l'ombre[4] où tu reposes,
Puisque mon cœur est mort, j'ai bien assez vécu.

Je n'ai pas refusé ma tâche sur la terre.
Mon sillon ? Le voilà. Ma gerbe ? La voici.[5]
J'ai vécu souriant, toujours plus adouci,
Debout, mais incliné du côté du mystère.

J'ai fait ce que j'ai pu ; j'ai servi, j'ai veillé,
Et j'ai vu bien souvent qu'on riait de ma peine.
Je me suis étonné d'être un objet de haine,
Ayant beaucoup souffert et beaucoup travaillé.

Dans ce bagne terrestre[6] où ne s'ouvre aucune aile,[7]
Sans me plaindre, saignant, et tombant sur les mains,
Morne, épuisé, raillé par les forçats humains,[8]
J'ai porté mon chaînon de la chaîne éternelle.

---

1) **le jour :** 「대낮」. 여기서는 「청춘」을 의미한다.
2) **l'espoir serein :** 아무 근심 걱정없이 마음을 「명랑하게 하는 희망」.
3) **saison des parfums et des roses :** 죽은 딸의 생월(生月)인 4월을 말한다.
4) **l'ombre :** 「묘지」.
5) **Ma gerbe ? La voici :** Hugo는 이 표현으로 당시 그의 작품이 상당히 유명해졌음을 암시한다.
6) **ce bagne terrestre :** 불가피한 고통으로 가득찬 「인생의 고해(苦海)」.
7) **aucune aile :** 이 말은 여기서 희망의 이미지와 위안을 주는 천사의 이미지를 나타내고 있다.
8) **raillé par les forçats humains :** forçats humains은 일반 시민을 가리킨다. 「도형수와 같은 시민들로부터 야유를 당하면서」.

Maintenant, mon regard ne s'ouvre qu'à demi;
Je ne me tourne plus même quand on me nomme;
Je suis plein de stupeur et d'ennui,[1] comme un homme
Qui se lève avant l'aube et qui n'a pas dormi.

Je ne daigne plus même, en ma sombre paresse,
Répondre à l'envieux[2] dont la bouche me nuit.[3]
O Seigneur! ouvrez-moi les portes de la nuit,
Afin que je m'en aille et que je disparaisse!

Les Contemplations

OCEANO NOX[4]

Saint-Valery-sur-Somme.

Oh! combien de marins, combien de capitaines
Qui sont partis joyeux pour des courses lointaines,[5]
Dans ce morne horizon[6] se sont évanouis!
Combien ont disparu, dure et triste fortune!
Dans une mer sans fond,[7] par une nuit sans lune,
Sous l'aveugle océan[8] à jamais enfouis!

---

1) **plein de stupeur et d'ennui:** 「흐리멍텅하고 고뇌에 잠겨서」. ennui는 옛날 문어체로는 「고뇌」의 뜻으로 가끔 사용됨.

2) **l'envieux:** 자기와 같이 제헌국회 의원에 출마한 정적(政敵)들을 가리키며 「샘하는 사람들」.

3) **dont la bouche me nuit:** 「그들의 입으로 나를 중상모략 하는」.

4) Victor Hugo는 1835년 여름과 1836년 여름에 노르망디 해안에서 바캉스를 보냈다. 그런데 이 시는 1836년 7월에 태풍을 목격하고 쓴 작품이며 이 작품 이후에 그는 바다를 소재로 많은 시를 썼다. oceano nox 는 <밤의 대양>이라는 뜻이다.

5) **des courses lointaines:** 「원양 항해」.

6) **morne horizon:** 짙은 안개가 자욱하게 멀리보이는 수평선을 말함.

7) **mer sans fond:** 「밑없는 바다」.

8) **aveugle océan:** 「속이 보이지 않는 대양」.

Combien de patrons morts avec leurs équipages !
L'ouragan de leur vie a pris toutes les pages[1]
Et d'un souffle il a tout dispersé sur les flots !
Nul ne saura leur fin dans l'abîme plongée.
Chaque vague en passant d'un butin[2] s'est chargée ;
L'une a saisi l'esquif l'autre les matelots !

Nul ne sait votre sort, pauvres têtes perdues !
Vous roulez à travers les sombres étendues,
Heurtant de vos fronts morts des écueils inconnus.
Oh ! que de vieux parents, qui n'avaient plus qu'un rêve[3],
Sont morts en attendant tous les jours sur la grève
Ceux qui ne sont pas revenus !

On s'entretient de vous parfois dans les veillées.
Maint joyeux cercle,[4] assis sur des ancres rouillées,
Mêle encor quelque temps vos noms d'ombre couverts
Aux rires, aux refrains, aux récits d'aventures,
Aux baisers qu'on dérobe à vos belles futures,[5]
Tandis que vous dormez dans les goëmons verts !

On demande : — Où sont-ils ? sont-ils rois dans
quelque île ?[6]
Nous ont-ils délaissés pour un bord plus fertile ? —
Puis votre souvenir même est enseveli.

---

1) **toutes les pages**: 고전적인 비유로서 인생을 마치 추억을 기록하는 책으로 비교했다. a pris toutes les pages de leur vie이다.
2) **d'un butin**: 「잡은 고기, 노획물」의 도치. s'est chargée d'un butin en passant.
3) **un rêve**: 비참한 현실과는 반대로 「알 수 없는 재귀의 꿈」.
4) **Maint joyeux cercle**: 사람들의 목숨을 앗아가는 무서운 태풍과는 대조적으로 시인은 무사히 귀환하여 가족들 사이에 둘러앉아 있는 어부들의 순박한 기쁨을 환기시킴.
5) **belles futures**: 실종자들을 잊어버린 「약혼녀들」.
6) **rois dans quelque île**: 북유럽 시에서 구전(口傳) 되어오는 설화를 암시함.

Le corps se perd dans l'eau, le nom dans la mémoire.
Le temps, qui sur toute ombre en verse une plus noire,
Sur le sombre océan jette le sombre oubli.

Bientôt des yeux de tous[1] votre ombre est disparue.
L'un n'a-t-il pas sa barque et l'autre sa charrue?
Seules, durant ces nuits où l'orage est vainqueur,
Vos veuves aux fronts blancs, lasses de vous attendre,
Parlent encor de vous en remuant la cendre
De leur foyer et de leur cœur ! [2]

Et quand la tombe enfin a fermé leur paupière,
Rien ne sait plus vos noms, pas même une humble pierre
Dans l'étroit cimetière où l'écho nous répond,
Pas même un saule vert[3] qui s'effeuille à l'automne,
Pas même la chanson naïve et monotone
Que chante un mendiant à l'angle d'un vieux pont ![4]

Où sont-ils, les marins sombrés dans les nuits noires?
O flots, que vous savez de lugubres histoires !
Flots profonds redoutés des mères à genoux !

Les Rayons et les ombres

---

1) **des yeux de tous:** votre ombre est disparue des yeux de tous.
2) **la cendre...de leur cœur:** 구체적인 이미지와 추상적인 이미지가 대조적으로 결합되어 있음. 「차츰 타버린 추억의 재」를 의미함.
3) **un saule vert:** 무덤가에 심은 「파란 버드나무」.
4) **l'angle d'un vieux pont:** 시인은 불길한 불상사를 환기시키는 애가(哀歌)를 연상시킴.

ALFRED DE MUSSET
(1810 — 1857)

LUCIE[1]

ÉLÉGIE

Mes chers amis, quand je mourrai,
Plantez un saule au cimetière.
J'aime son feuillage éploré ; [2]
La pâleur m'en[3] est douce et chère,
Et son ombre sera légère
A la terre où je dormirai.

Un soir, nous étion seuls, j'étais assis près d'elle ; [4]
Elle penchait la tête, et sur son clavecin[5]
Laissait, tout en rêvant, flotter sa blanche main.
Ce n'était qu'un murmure : on eût dit les coups d'aile[6]
D'un zéphyr éloigné glissant sur des roseaux
Et craignant en passant d'éveiller les oiseaux.
Les tièdes voluptés[7] des nuits mélancoliques

---

1) 이 시는 1835년 7월 1일 *Revues des Deux Mondes* 잡지에 게재되었으나, 그중 몇 구절은 1831년 1월에 이미 *Le Saule*이라는 제목으로 발표한 바 있다. 요절(夭折)한 애인을 회상하면서 부른 비가로서 우울한 가운데 조화를 이루고 있다. 어느날 저녁 Musset가 Rossini (19세기 이태리 가극 작곡가)의 *Othello*에서 Desdémone가 노래한 la romance de Saule를 Lucie가 clavecin을 치면서 노래하는 것을 들었다. 이 추억을 서두와 마지막에서 환기시키고 있다.

2) **son feuillage éploré** : 「축 늘어진 버드나무 잎이 우거진 가지」.

3) **en** : en은 이유를 나타낸다. 「그 때문에, 그래서」. Il reçut une blessure et en mourrut.

4) **près d'elle** : 「나의 애인 곁에서」

5) **clavecin** : 피아노의 전신인 악기명.

6) **on eût dit les coups d'aile** : eût dit는 dire 의 조건법 과거 제 2 형. 「사람들은 날개치는 소리라고 말했었을 것이리라」.

7) **les tièdes voluptés** : 「아늑한 쾌락」.

Sortaient autour de nous du calice des fleurs.
Les marronniers du parc et les chênes antiques
Se berçaient doucement sous leurs rameaux en pleurs.
Nous écoutions la nuit ; la croisée entr'ouverte
Laissait venir à nous les parfums du printemps ;
Les vents étaient muets, la plaine était déserte ;
Nous étions seuls, pensifs, et nous avions quinze ans.
Je regardais Lucie. — Elle était pâle et blonde.
Jamais deux yeux plus doux n'ont du ciel le plus pur
Sondé la profondeur[1] et réfléchi l'azur.
Sa beauté m'enivrait ; je n'aimais qu'elle au monde.
Mais je croyais l'aimer comme on aime une sœur,
Tant[2] ce qui venait d'elle était plein de pudeur !
Nous nous tûmes longtemps ; ma main touchait la sienne,
Je regardais rêver son front triste et charmant,
Et je sentais dans l'âme, à chaque mouvement,
Combien peuvent sur nous,[3] pour guérir toute peine,
Ces deux signes jumeaux de paix et de bonheur,
Jeunesse de visage et jeunesse de cœur.
La lune, se levant dans un ciel sans nuage,
D'un long réseau d'argent tout à coup l'inonda ;[4]
Elle vit dans mes yeux resplendir son image ;
Son sourire sembliat d'un ange : elle chanta...

---

1) **Jamais deux yeux plus doux n'ont du ciel le plus pur sondé la profondeur :** Deux yeux plus doux n'ont jamais sondé la profondeur du ciel le plus pur임.

2) **Tant :** 앞의 문장을 받아서 원인을 나타냄. 「그 정도로까지, 그러므로, 그만큼」. *ex.* Il n'a jamais pu cacher cette erreur, tant il est sincère (그는 그 과오를 감추지 못했다. 그 정도로까지 그는 성실하다).

3) **peuvent sur nous :** 「우리들에 대해 큰 힘이 있다」. peuvent의 주어는 다음 행의 ces deux signes이다.

4) **l'inonda :** 「그녀를 훤히 비추었다」. inonder는 원래 「넘치게 하다」는 뜻이지만 여기에서는 「비춘다」는 표현으로 사용되었다.

Doux mystère du toit que l'inocence habite,
Chansons, rêves d'amour, rires, propos d'enfant,
Et toi, charme inconnu dont rien ne se défend,
Qui fit hésiter Faust au seuil de Marguerite,[1]
Candeur des premiers jours, qu'êtes-vous devenus?
Paix profonde à ton âme, enfant! à ta mémoire!
Adieu! ta blanche main sur le clavier d'ivoire,
Durant les nuits d'été, ne voltigera plus[2]...

Mes chers amis, quand je mourrai,
Plantez un saule au cimetière.[3]
J'aime son feuillage éploré;
La pâleur m'en est douce et chère
Et son ombre sera légère
A la terre où je dormirai.

Poésies Nouvelles

---

1) **fit hésiter Faust au seuil de Marguerite**: 괴테의 Faust는 많은 음악가들의 관심을 끌었으며, 당시 프랑스의 음악가들이 Faust symphonie를 만들었다. 그 교향곡은 三部(Faust, Marguerite, Méphistophélès)로 되어 있는 바 그 중 한 장면을 연상시킨다.

2) **ne voltigera plus**: ne voltigera sur le clavier d'ivoire로 「피아노를 더 이상 치지 않을 것이다」.

3) **plantez un saule au cimetière**: Musset의 소원에 따라 Père-Lachaise의 무덤에 버드나무를 한 포기 심었다.

LA NUIT DE MAI[1]

LA MUSE

Poète, prends ton luth[2] et me donne un baiser ; [3]
La fleur de l'églantier sent ses bourgeons éclore.
Le printemps naît ce soir ; les vents vont s'embraser ;
Et la bergeronnette, en attendant l'aurore,
Aux premiers buissons verts commence à se poser.
Poète, prend ton luth, et me donne un baiser,

LE POÈTE

Comme il fait noir dans la vallée !
J'ai cru qu'une forme voilée
Flottait là-bas sur la forêt.
Elle sortait de la prairie ;
Son pied rasait l'herbe fleurie ;
C'est une étrange rêverie ;
Elle s'efface et disparaît.

---

1) 이 시는 1835년 5월 15일자로 *Revue des Deux Mondes* 지에 게재했었다. 1833년부터 2년간의 George Sand와 Musset의 연애 관계는 유명한 이야기다. 1835년 3월에 두 작가는 서로간의 오해와 의심 끝에 완전히 결별한다. Musset는 그녀와 결별하고 허탈상태에 빠져 시작(詩作)을 단념하기로 결심한다. 그러나 〈시의 여신〉은 詩를 다시 쓸 것을 권유한다. 그러나 시인은 그의 심적인 상처가 너무 크기 때문에 침묵을 지키겠다고 대답했다. 시의 여신은 고통 만이 위대한 시인을 만들며 그의 고통을 노래하라고 권유한다. 시의 내용이 시인과 〈시의 여신〉과의 대화 형식으로 이루어졌다.

2) **luth**: 고대 악기 리라의 일종으로 옛날 시인들이 시를 읊을 때 이 악기를 치면서 시를 읊었다. 서정시를 상징함.

3) **me donne un baiser**: donne-moi un baiser로 17세기에는 이러한 형태의 명령법을 사용하였다.

LA MUSE

Poète, prends ton luth ; la nuit, sur la pelouse,
Balance le zéphyr dans son voile odorant.
La rose, vierge encor, se referme jalouse
Sur le frelon nacré qu'elle enivre en mourant.
Écoute ! tout se tait : songe à ta bien-aimée.[1]
Ce soir, sous les tilleuls à la sombre ramée
Le rayon du couchant laisse un adieu plus doux.
Ce soir, tout va fleurir : l'immortelle nature
Se remplit de parfums, d'amour et de murmure,
Comme le lit joyeux de deux jeunes époux.

LE POÈTE

Pourquoi mon cœur bat-il si vite ?
Qu'ai-je donc en moi[2] qui s'agite
Dont je me sens épouvanté ?
Ne frappe-t-on pas à ma porte ?
Pourquoi ma lampe à demi morte
M'éblouit-elle de clarté ?
Dieu puissant ! tout mon corps frissonne.
Qui vient ? qui m'appelle ? — Personne.
Je suis seul ; c'est l'heure qui sonne ;
O solitude ! ô pauvreté ![3]

---

1) **bien-aimée :** Muse 자신을 가리킨다.
2) **en moi :** 「내 가슴 속에서」.
3) **O solitude! ô pauvreté :** 고독과 자신의 처량함이 바로 시인을 슬프게 한 동기였다.

LA MUSE

Poète, prends ton luth ; le vin de la jeunesse
Fermente cette nuit dans les veines de Dieu.
Mon sein est inquiet, la volupté l'oppresse,
Et les vents altérés[1] m'ont mis la lèvre en feu.
O paresseux enfant ! regarde, je suis belle.
Notre premier baiser,[2] ne t'en souviens-tu pas,
Quand je te vis si pâle au toucher de mon aile,
Et que,[3] les yeux en pleurs, tu tombas dans mes bras ?
Ah ! je t'ai consolé d'une amère souffrance !
Hélas ! bien jeune encor, tu te mourais d'amour.[4]
Console-moi ce soir. je me meurs d'espérance ;
J'ai besoin de prier pour vivre jusqu'au jour.

LE POÈTE

Est-ce toi dont la voix m'appelle ?
O ma pauvre Muse ! est-ce toi ?
O ma fleur ! ô mon immortelle !
Seul être pudique et fidèle
Où vive encor l'amour de moi !
Oui, te voilà, c'est toi, ma blonde,
C'est toi, ma maîtresse et ma sœur !
Et je sens, dans la nuit profonde,
De ta robe d'or qui m'inonde[5]
Les rayons glisser dans mon cœur.[6]

---

1) **les vents altérés :** 「건조하고 메마른 바람」.
2) **Notre premier baiser :** 처음으로 시를 착상하던 「시인으로서의 첫 출발」.
3) **que :** 반복되는 quand을 대신한다.
4) **tu te mourais d'amour :** George Sand와의 연애 사건을 암시한다. 「너는 죽도록 사모하였겠지」.
5) **m'inonde :** 「나를 덮어 씌운」.
6) **Les rayons glisser dans mon cœur :** Je sens에 연결되며 <지각동사 · 부정법>의 형식.

LA MUSE

Poëte, prends ton luth; c'est moi, ton immortelle,
Qui t'ai vu cette nuit triste et silencieux,
Et qui, comme un oiseau que sa couvée appelle,
Pour pleurer avec toi descends du haut des cieux.
Viens, tu souffres, ami. Quelque ennui solitaire
Te ronge, quelque chose a gémi dans ton cœur;
Quelque amour t'est venu, comme on en voit sur terre,
Une ombre de plaisir, un semblant de bonheur.[1)]
Viens, chantons devant Dieu; chantons dans tes pensées,
Dans tes plaisirs perdus, dans tes peines passées;[2)]
Partons, dans un baiser, pour un monde inconnu.
Éveillons au hasard les échos de ta vie,
Parlons-nous de bonheur, de gloire et de folie,
Et que ce soit un rêve, et le premier venu[3)]

Poésies Nouvelles

JAMAIS[4)]

Jamais, avez-vous dit, tandis qu'autour de nous
Résonnait de Schubert[5)] la plaintive musique;

1) **Une ombre de plaisir, un sembiant de bonheur:** quelque amour의 동격(apposition)으로 quelque amour를 설명한다. 전행과 함께 George Sand와의 관계를 암시한다.

2) **chantons...dans tes peines passées:** 「시의 주제로서 너의 사상과 너의 잃어버린 행복과 지난날의 괴로움을 택하라」.

3) **premier venu:** 「선착자, 누구나」.

4) 이 시는 1839년에 발표한 사시(史詩)로서 Musset가 사교계에 출입할 때 자기 대모(代母)인 Mme Jaubert의 Salon에서 알게 된 어떤 미모의 과부로 부터 영감을 받고 쓴 시다. 그는 어느날 그 과부에게 과부로 남아 있기에는 너무나 젊고 예쁘다고 말하였을 때 그 과부의 대답이 Jamais (결코, 천만에)라고 대답한 것을 시제(詩題)로 삼았다.

5) **Schubert:** 낭만주의가 번창 할 시기에 독일 음악가. 그는 많은 유명한 가곡을 작곡했다. Jaubert의 Salcn에서는 가끔 음악의 밤을 개최했으며 그때 Liszt도 출입했다. la plaintive musique de Schubert임.

Jamais, avez-vous dit, tandis que, malgré vous,[1]
Brillait de vos grands yeux l'azur mélancolique.

Jamais, répétiez-vous, pâle et d'un air si doux
Qu'on eût cru voir sourire une médaille antique.[2]
Mais des trésors secrets[3] l'instinct fier et pudique
Vous couvrit de rougeur, comme un voile jaloux.

Quel mot vous prononcez, marquise, et quel dommage !
Hélas ! je ne voyais ni ce charmant visage,
Ni ce divin sourire, en vous parlant d'aimer.

Vos yeux bleus sont moins doux que votre âme n'est belle.[4]
Même en les regardant, je ne regrettais qu'elle,
Et de voir dans sa fleur un tel cœur se fermer.[5]

Poésies Nouvelles

TRISTESSE[6]

J'ai perdu ma force et ma vie,
Et mes amis et ma gaîté ;

---

1) **malgré vous**: 그녀의 반짝이는 눈매는 슬픔에 잠긴 대답과는 상반되는 짓을 했다. 「당신 본의 아니게」.

2) **médaille antique**: 마찬가지로 그녀의 온화한 표정은 일부러 꾸민 그녀의 냉정한 얼굴과는 상반되는 짓을 했다.

3) **des trésors secrets**: 보이지 않는「속 마음」.

4) **n'est belle**: 여기의 ne는 허사다. 불평등 비교를 나타내는 말, plus, moins, mieux, meilleur, moindre, pire, autre, autrement, plutôt 따위 뒤에서 아무 뜻 없는 ne를 사용한다.

5) **se fermer**: 청춘시기에 인생을 포기하면서「마음을 폐쇄시키는 것」.

6) 이 시는 1840년 6월 14일 Bury에서 쓴 시로서 *Revue des Deux Mondes* 지에 게재하였다가 Musset의 사후 *Dernières Musset* 시집에 넣어 출판했다. Musset가 겨우 30세 때 쓴 시이지만 그 당시 그는 심신이 몹시 피로웠다. 그는 슬픔과 우울감 속에서도 종교의 진리를 깨닫고 위안을 얻으려고 하였지만 허사였다.

J'ai perdu jusq'à la fierté
Qui faisait croire à mon génie.[1]

Quand j'ai connu la Vérité,[2]
J'ai cru que c'était une amie;
Quand je l'ai comprise et sentie,[3]
J'en étais déjà dégoûté.

Et pourtant elle est éternelle,
Et ceux qui se sont passés d'elle[4]
Ici-bas ont tout ignoré.

Dieu parle, il faut qu'on lui réponde.
Le seul bien qui me reste au monde
Est d'avoir quelquefois pleuré.

Dernières Poésies

---

1) **faisait croire à mon génie:** 「나를 천재로 믿게 하는」.

2) **Vérité:** 종교의 진리를 말한다.

3) **je l'ai comprise et sentie:** l'ai 의 〈l'〉는 Vérité를 받으며 **여성단수이므로** **compris*e*** 와 senti*e* 에 〈**e**〉를 붙였다. 이와 같이 직접 목적이 과거분사 앞에 오는 경우 즉, ① **관계** 대명사의 선행사로서, ② 대명사로서, ③ 의문사와 같이 사용될 때 과거분사의 성·수를 일치시켜야 한다. ① voilà la pomme que j'ai achet*ée* hier. ② Voici de bonnes places; nous les avons pris*es*. ③ Quels liveres avez-vous lu*s*?

4) **se sont passés d'elle:** se passer de *qch* 는 「…을 모르고 지내다, …이 없이 해나가다」. 「진리를 모르고 지내는」.

THEOPHILE GAUTIER

(1811 — 1872)

L'ART[1]

Oui, l'œuvre sort[2] plus belle
D'une forme au travail
        Rebelle,[3]
Vers, marbre, onyx, émail.[4]

Point de contraintes fausses ![5]
Mais que pour marcher droit
        Tu chausses,
Muse, un cothurne étroit.[6]

Fi du rythme commode,
Comme un soulier trop grand,

---

1) 이 시는 1857년 9월 13일에 쓴 시로서 Théodore de Banville가 Théophile Gautier에게 바친 odelett (小抒情詩)의 회답으로 보냈다. 처음에는 1857년 9월 13일 *L'Artiste* 지에, 그 다음해 그의 시집 *Emaux et Camées*에 수록했다. Verlaine의 *L'Art Poétique*가 상징주의의 미학을 제시한 것처럼 이 시는 고답파(Parnasse)시의 미학을 요약하고 있다. 고답파 시인들은 예술지상주의(l'Art pour l'Art)를 표방하면서 시를 다른 조형예술과 마찬가지로 기교와 숙련을 중요시했다. 조각가가 대리석이나 진흙을 재료로 삼고, 화가가 색채를 재료로 삼듯이, 시인은 언어를 재료로서 시를 이룩한다.

2) **sort :** 여기서 sortir 동사는「생기다, 만들어지다」의 뜻.

3) **Rebelle :** d'une forme rebelle au travail 임.「작업에 항거하는 형태로부터」.

4) **Vers, marbre, onyx, émail :** 시를 조각에 비교한 것으로서, 첫 행 l'œuvre의 同格으로서 설명하고 있다.

5) **contraintes fausses :** 古典詩의 엄격한 규칙을 비유함.「헛된 속박은 없어야 해 !」.

6) **un cothurne étroit :** cothurne는 옛날 비극 배우가 신은 장화. 이 말은 고전시의 규칙으로 속박함으로써 고상하게 된다는 뜻이며 안일한 시형을 반대하는 말.「시의 여신이여, 너는 좁은 반장화를 신어라」.

Du mode
Que tout pied[1] quitte et prend !

Statuaire, repousse
L'argile que pétrit
Le pouce
Quand flotte ailleurs l'esprit ;[2]

Lutte avec le carrare,[3]
Avec le paros[4] dur
Et rare,
Gardiens du contour pur ; [5]

Emprunte à Syracuse[6]
Son bronze où fermement
S'accuse[7]
Le trait fier et charmant ;

D'une main délicate
Poursuis dans un filon
D'agate
Le profil d'Apollon.[8]

---

1) **pied :** 韻字를 다는 「韻脚」.
2) **Quand flotte ailleurs l'esprit :** 「정신이 다른 곳을 헤맬 때, 방심할 때」
3) **carrare :** 「카라라 산의 대리석」. Carrara는 이태리의 도시 이름이며 희고 아름다운 대리석 산지로 유명하다.
4) **paros :** 「파로스 산의 대리석」. Paros는 에게해의 섬으로서 가장 양질의 대리석 산지다.
5) **Gardiens du contour pur :** 재료가 단단하면 단단할수록 변질되거나 풍화작용을 하지 않는다. 대리석은 진흙같이 갈라지거나 훼손되지 않고 작품의 순수한 모습을 보존하고 있다는 뜻임. 「순수한 윤곽의 보존자인」.
6) **Syracuse :** 시칠리아 섬 동부 해안의 항구. 이 지역의 청동은 고린토의 청동과 더불어 가장 값비싸고 희귀한 것임.
7) **S'accuse :** s'accuse fermement으로 「뚜렷이 드러나다」.
8) **Poursuis dans un filon d'agate le profil d'Apollon :** 「추구하라, 노다지 마노(瑪瑙)로써, 아폴로 여신의 옆모습을」.

Peintre, fuis l'aquarelle,[1]
Et fixe la couleur
        Trop frêle[2]
Au four de l'émailleur.

Fais les sirènes bleues,
Tordant de cent façons
        Leurs queues,
Les monstres des blasons;

Dans son nimbe trilobe[3]
La Vierge et son Jésus,
        Le globe
Avec la croix dessus.

Tout passe. — L'art robuste
Seul a l'éternité.[4]
        Le buste
Survit à la cité.

Et la médaille austère[5]
Que trouve un laboureur
        Sous terre
Révèle un empereur.

Les dieux eux-mêmes meurent.
Mais les vers souverains

1) **fuis l'aquarelle:** 너무 쉽게 그릴 수 있다고 잘못 생각하고 있는 「수채화를 피하라」.
2) **trop frêle:** 「너무 쉽게 없어질 수 있는」.
3) **Dans son nimbe trilobe:** nimbe는 성인들의 머리를 둘러싸는 황금빛이나 찬란한 빛으로 에워 싼 후광. trilobe는 「三葉 모양의」, nimbe는 三葉 모양의 장미꽃처럼 생겼다. 「3엽형의 후광을 쓴」.
4) **a l'éternité:** 모든 것은 소멸하나 건전한 예술만이 「영원히 남는다」.
5) **la médaille austère:** 표면에 고대의 위엄있는 인물이 새겨진 「위엄있는 주화」.

Demeurent
Plus forts que les airains.[1]

Sculpte, lime, cisèle ;[2]
Que ton rêve flottant
Se scelle[3]
Dans le bloc résistant ![4]

Émaux et Camées

CE QUE DISENT LES HIRONDELLES[5]

Chanson d'automne

Déjà plus d'une feuille sèche
Parsème les gazons jaunis,[6]
Soir et matin la bise est fraîche.
Hélas ! les beaux jours[7] sont finis !

On voit s'ouvrir les fleurs que garde
Le jardin, pour dernier trésor ;

---

1) **les airains :** 「청동상」.

2) **Sculpte, lime, cisèle :** 이 세 동사는 원래 조형예술에 사용되는 말이나 여기서는 詩作할 때 轉用하고 있다.

3) **se scelle :** 「고정되도록」. 이 동사는 수동적인 뜻으로 사용되며 또한 문두에 que가 나온 독립 접속절이므로 접속법 현재다. 독립 접속절에서는 희망, 기원, 명령, 금지, 가정 등을 나타낸다.

4) **le bloc résistant :** 「단단한 돌덩어리」.

5) 이 시는 처음에 1852년에 발표되었다가 그후 1858년 그의 가장 유명한 시집 *Émaux et Camées*에 다시 발표했다. 이 시는 그 당시까지 별로 사용하지 않던 8음절 시행인 octo-syllabes를 사용하였으며 시형이 완벽하고 능란하다. 첫 3절은 가을과 자연의 광경을, 그 다음 11절은 제비의 모임과 제비들의 대화를, 마지막 2절은 시인의 명상과 고백을 나타내고 있다. 이 시는 자연과 동물을 소재로 그림을 그리듯이 객관적으로 묘사했다.

6) **Parsème les gazons jaunis :** Parsème les gazons jaunis d'une feuille sèche로서 주어가 없어도 의미가 통하므로 주어가 생략되었다. 「노란 잔디밭에 낙엽을 몇 개 여기저기 뿌린다」.

7) **beaux jours :** 「화창한 날씨」.

Le dahlia met sa cocarde,
Et le souci sa toque d'or.

La pluie aux bassins fait des bulles;[1]
Les hirondelles sur le toit
Tiennent des conciliabules:[2]
Voici l'hiver, voici le froid!

Elles s'assemblent par centaines,[3]
Se concertent pour le départ.
L'une dit: « Oh! que dans Athènes
Il fait bon[4] sur le vieux rempart!

« Tous les ans, j'y vais et je niche
Aux métopes du Parthénon,[5]
Mon nid bouche dans la corniche
Le trou d'un boulet de canon.[6] »

L'autre: « J'ai ma petite chambre
A Smyrne,[7] au plafond d'un café.
Les Hadjis[8] comptent leurs grains d'ambre
Sur le seuil, d'un rayon chauffé.

1) **fait des bulles:** fait des bulles aux bassins이다. 「연못에 거품을 내다」.
2) **Tiennent des conciliabules:** tenir des conciliabules 「비밀회의를 열다」.
3) **par centaines:** 「수백 마리씩」.
4) **Il fait bon:** 「기후가 쾌적하다」. qu'il fait bon sur les vieux rempart dans Athènes! 임. que는 감탄사. Athènes는 아테네의 수도.
5) **métopes du Parténon:** métope는 도리아식 건축 양식으로서 기둥 위에 들보와 마주치는 곳에 세로로 판 세 줄기 홈으로 된 공간. Parténon은 아테네에 있는 기원전 5세기에 건축된 미네르바(지식, 예술, 기예의 여신) 사원. 「미네르바 사원 기둥 세로 홈」.
6) **Le trou d'un boulet de canon:** 미네르바 사원은 1687년에 베네치아 군대와 영국 군대의 포탄 세례와 폭격을 받았다.
7) **Smyrne:** 터어키에 있는 도시로서 에에게해에 면한 항구. 터어키어로 Izmir라고 함.
8) **Hadjis:** 메카(Mecque)를 순례하는 회교도에 대한 칭호.

« J'entre et je sors, accoutumée
Aux blondes vapeurs des chibouks,[1]
Et parmi des flots de fumée
Je rase turbans et turbouchs.[2] »

Celle-ci : « J'habite un triglyphe
Au fronton d'un temple à Balbeck.[3]
Je m'y suspends avec ma griffe,
Sur mes petits au large bec. »

Celle-là : « Voici mon adresse :
Rhodes,[4] palais des chevaliers ;
Chaque hiver, ma tente s'y dresse
Au chapiteau des noirs piliers. »

La cinqième : « Je ferai halte,
Car l'âge m'alourdit un peu,
Aux blanches terrasses de Malte,[5]
Entre l'eau bleue et le ciel bleu. »

La sixième : « Qu'on est à l'aise
Au Caire, en haut des minarets !
J'empâte un ornement de glaise,
Et mes quartiers d'hiver[6] sont prêts. »

---

1) **chibouks :** 우리나라 담뱃대와 흡사한 터어키의 「긴 담뱃대」.
2) **rase turbans et turbouchs :** turbans은 「회교도의 두건」, turbouchs는 파란 모사(毛糸)로 땋은 긴 줄로 장식된 「빨간 터키 모자」. 「회교도 두건과 빨간 터키 모자를 스칠락말락 지나가다」.
3) **Balbeck :** 터어키에 있는 소도시. 알렉산드르 대왕이 정복한 후에 Héliopolis(태양의 도시)란 명칭을 가진 유명한 도시였다. 이 도시의 폐허가 유명하다. Lamartine도 그의 시집 *Voyage en Orient*(1835)에서 이 도시의 폐허를 묘사했다.
4) **Rhodes :** 에게해에 있는 희랍의 섬.
5) **Malte :** 「말타 섬」.
6) **quartiers d'hiver :** 「겨울의 거처」.

« A la seconde cataracte,[1]
Fait la dernière,[2] j'ai mon nid ;
J'en ai noté la place exacte,
Dans le pschent[3] d'un roi de granit. »

Toutes : « Demain, combien de lieues
Auront filé[4] sous notre essaim,
Plaines brunes pics blancs, mers bleues,
Brodant d'écume leur bassin ! [5] »

Avec cris et battements d'ailes,
Sur la moulure[6] aux bords étroits,
Ainsi jasent les hirondelles,
Voyant venir la rouille au bois.[7]

Je comprends tout ce qu'elles disent ;
Car le poète est un oiseau ;
Mais captif,[8] ses élans se brisent
Contre[9] un invisible réseau !

Des ailes ! des ailes ! des ailes !
Comme dans le chant de Ruckert,[10]

---

1) **la seconde cataracte :** La seconde cataracte du Nil 「나일강의 두번째 폭포」.
2) **Fait la dernière :** J'ai mon nid fait la dernière fois임.
3) **pschent :** 에집트의 왕이나 神의 입상(立像)에 씌우는 뾰쭉하고 높은 삼각형의 관(冠). 「뾰쭉한 삼각관」.
4) **Auront filé :** filer(사라지게 하다, 도망치게 하다)의 전미래, 주어는 plaines, pics, mers.
5) **bassin :** brodant leur bassin d'écume임. 「바닷가를 물거품으로 수놓는」.
6) **moulure :** 기둥 모서리를 모양있게 하기 위하여 모를 접어 두 골이 나게 한 「쇠시리」.
7) **Voyant venir la rouille au bois :** rouille는 「곰팡이」. (지각동사 부정법)의 형식. 「나무에 곰팡이가 끼는 것을 보면서」.
8) **captif :** étant captif의 생략으로 이유를 나타냄.
9) **ses élans se brisent contre :** 「그의 도약은…에 부딪쳐 넘어진다」.
10) **Ruckert :** 독일의 시인이며 동시에 동양학자. 특히 애국시로서 유명하다.

Pour voler là-bas, avec elles,
Au soleil d'or, au printemps vert.

Émaux et Camées,

FUMÉE[1]

LA-BAS, sous les arbres s'abrite
Une chaumière au dos bossu ; [2]
Le toit penche, le mur s'effrite[3]
Le seuil de la porte est moussu.

La fenêtre, un volet la bouche ;
Mais du taudis,[4] comme au temps froid[5]
La tiède haleine d'une bouche,
La respiration se voit.

Un tire-bouchon de fumée,[6]
Tournant son mince filet bleu,
De l'âme en ce bouge[7] enfermée
Porte des nouvelles à Dieu.

Émaux et Camées

---

1) 이 시는 원래는 *Fumée dans les arbres*란 제목으로 1855년에 *Revue de Paris*에 발표되었다가 1858년 Gautier의 시집 *Émaux et Camée*에 다시 발표했다. 이 시도 그의 독특한 시형인 octosyllabes(8음절 시행) 3절 (strophes)로 구성되었다. 하찮은 제목이지만 시형이 완벽하고 능란한 기교를 보여주고 있다.

2) **au dos bossu:** 「곱사의 등을 한」. 고답파 시인들은 이와 같이 외계를 묘사하는 데 주로 시각(視覺)을 동원하는 점에 역점을 두었다.

3) **s'effrite:** 「풍화(風化)작용으로 무너지다」.

4) **du taudis:** 마지막 행의 respiration의 한정어로서 la respiration du taudis (누추한 방의 호흡)임.

5) **comme au temps froid:** comme la tiède haleine d'une bouche se voit au temps froid 임.

6) **Un tire-bouchon de fumée:** 「나선형의 연기」.

7) **bouge:** taudis와 가까운 말로서 「누추한 방」. 이 방에 불량 소년들이 많이 출입했다.

CHARLES LECONTE DE LISLE

(1818 — 1894)

MIDI[1]

Midi, roi des étés, épandu sur la plaine,
Tombe en nappes d'argent[2] des hauteurs du ciel bleu.
Tout se tait. L'air flamboie et brûle sans haleine; [3]
La terre est assoupie en sa robe de feu.

L'étendue est immense, et les champs n'ont point d'ombre
Et la source est tarie où[4] buvaient les troupeaux;
La lointaine forêt, dont la lisière est sombre,
Dort là-bas, immobile, en un pesant repos.

Seuls, les grands blés mûris, tels qu'une mer dorée,[5]
Se déroulent au loin, dédaigneux du sommeil;
Pacifiques enfants de la terre sacrée,[5]
Ils épuisent sans peur la coupe du soleil.[6]

---

1) 이 시는 1852년에 쓴 것으로 그의 시집 *Poèmes antiques*에 발표되었다. Leconte de Lisle는 외관상 무감함에도 불구하고 自然에 대하여 상징적인 시상을 강력히 느꼈다. 그는 이 작품에서 自然에 대한 그의 사상과 서정을 표현했다. 웅장하고 유혹적인 大自然觀은 자연 속에서 낭만주의 시인들처럼 아무런 위안도 구할 수 없는 점이다. 그의 자연관은 Lamartine나 Hugo와는 달랐으나 오히려 Vigny의 자연관과 흡사했다. 自然은 인간의 절규에 무감각하고 냉담한 존재라고 생각했다.

2) **en nappes d'argent :** 「하얀 식탁보 모양으로」. 정오의 광선이 내려 쪼이는 광경을 이렇게 비유함.

3) **sans haleine :** 「숨쉴 틈도 없이」.

4) **où :** la source에 걸린다.

5) **une mer dorée :** 노랗게 익은 보리밭을 「황금색 바다」로 비유하고, 세째 행에서는 pacifiques enfants de la terre sacrée (聖地의 평화로운 아이들)로 비유함.

6) **la coupe du soleil :** 「태양의 술잔」. 시각 뿐만 아니라 인간의 오관을 자극하는 이미지를 사용하며 여기서는 미각(味覺)을 자극한다.

Parfois, comme un soupir de leur âme brûlante,
Du sein des épis[1] lourds qui murmurent entre eux,
Une ondulation majestueuse et lente[2]
S'éveille, et va mourir à l'horizon poudreux.

Non loin, quelques bœufs blancs, couchés parmi les herbes,
Bavent avec lenteur sur leurs fanons épais,[3]
Et suivent[4] de leurs yeux languissants et superbes
Le songe intérieur qu'ils n'achèvent jamais.

Homme, si, le cœur plein de joie ou d'amertume,
Tu passais vers midi dans les champs radieux,
Fuis ! [5] la nature est vide et le soleil consume : [6]
Rien n'est vivant ici, rien n'est triste ou joyeux.

Mais si, désabusé des larmes et du rire,
Altéré de l'oubli de ce monde agité,[7]
Tu veux,[8] ne sachant plus pardonner ou maudire,
Goûter une suprême et morne volupté,

Viens ! Le soleil te parle en paroles sublimes ;
Dans sa flamme implacable absorbe-toi[9] sans fin ;

---

1) **Du sein des épis :** 「밀 이삭 속으로부터」.
2) **Une ondulation majestueuse et lente :** 밀밭의 세번 째 비유로서 「장엄하고 서서히 출렁거리는 파도」라고 표현했다.
3) **fanons épais :** 「축 늘어진 목덜미」.
4) **suivent :** 주어는 quelques bœufs고 직접목적은 다음 행의 le songe intérieur이다. 「내심의 꿈을 쫓는다」.
5) **Fuis ! :** 인간에게 하는 명령. 「도망가라」.
6) **la nature est vide et le soleil consume :** 인간이 슬픔이나 기쁨을 가지고 자연을 맞이하더라도 자연은 인간의 감정과는 무감각하게 「자연은 비어있고 태양은 불탄다」.
7) **Altéré de l'oubli de ce monde agité :** 「동요하는 이 세상을 잊고 싶은 생각에 목말라서」.
8) **Tu veux :** 첫 행의 si와 다음 행의 goûter에 연결되고 그외는 모두 삽입절이다. si tu veux goûter임.
9) **absorbe-toi :** s'absorber dans *qc* (…에 몰두하다)의 명령형. Absorbe-toi sans fin dans sa flamme implacable임.

Et retourne à pas lents vers les cités infimes,
Le cœur trempé sept fois dans le néant divin.[1]

Poèmes antiques

LES ÉLÉPHANTS[2]

Le sable rouge[3] est comme une mer sans limite,
Et qui flambe, muette, affaissée en son lit.[4]
Une ondulation immobile remplit
L'horizon aux vapeurs de cuivre où l'homme habite.

Nulle vie et nul bruit. Tous les lions repus
Dorment au fond de l'antre éloigné de cent lieues,
Et la girafe boit[5] dans les fontaines bleues,[6]
Là-bas, sous les dattiers des panthères connus.[7]

Pas un oiseau ne passe en fouettant de son aile
L'air épais, où circule un immense soleil.
Parfois quelque boa, chauffé dans son sommeil,
Fait onduler son dos dont l'écaille étincelle.

---

1) **le néant divin**: 인간의 슬픔을 위로받기 위하여 자연을 찾을 것이 아니라 동요하는 세상을 잊고 「숭고한 무아(無我)지경에 이르기 위하여 자연을 찾으라」는 뜻.
2) 이 시는 1855년에 Leconte de Lisle의 시집 *Poèmes et Poésies*에 발표했다가 1862년에 *Poèmes barbares* 시집에 다시 발표했다. Leconte de Lisle는 위대한 풍경 묘사 시인일 뿐 아니라 동물을 묘사한 시인이기도 하다. 그는 동물을 소재로 많은 시를 썼으며 그 중 이 작품은 *Le Sommeil du Condor*와 *Le Rêve du Jaguar*와 함께 가장 유명하다. 그는 아프리카 네세갈 여행시 보았던 코끼리의 인상, 본능, 외관 및 생태 등을 묘사했다.
3) **Le sable rouge**: 「사하라 사막」.
4) **affaissée en son lit**: 「밑바닥에 가라앉은」. muette와 더불어 une mer를 수식한다. 사막에는 파도가 일지 않지만 움직이지 않는 사구(모래언덕)의 지층이 눈에 보이지 않게 물결치는 파도와 같다.
5) **boit**: 사자 등 맹수가 태양을 피하여 나무 밑에서 자고 있으므로 마음 놓고 「물을 마신다」.
6) **les fontaines bleues**: 짙은 녹음(綠陰)이 물에 비쳐서 연못이 파랗게 보인다.
7) **les dattiers des panthères connus**: les dattiers connus des panthères임. 여기서 connus는 familier의 뜻.

Tel l'espace enflammé brûle sous les cieux clairs.
Mais, tandis que tout dort aux mornes solitudes,[1]
Les éléphants rugueux, voyageurs lents et rudes,
Vont au pays natal[2] à travers les déserts.

D'un point de l'horizon, comme des masses brunes,
Ils viennent, soulevant la poussière, et l'on voit,
Pour ne pas dévier du chemin le plus droit,[3]
Sous leur pied large et sûr crouler au loin les dunes.[4]

Celui qui tient la tête[5] est un vieux chef. Son corps
Est gercé comme un tronc que le temps ronge et mine;
Sa tête est comme un roc, et l'arc de son échine[6]
Se voûte puissamment à ses moindres efforts.[7]

Sans ralentir jamais et sans hâter sa marche,
Il guide au but certain[8] ses compagnons poudreux;
Et, creusant par derrière un sillon sablonneux,
Les pèlerins massifs[9] suivent leur patriarche.

---

1) **aux mornes solitudes**: 「침울한 사막에서」.
2) **au pays natal**: 코끼리는 계절이 바뀜에 따라 초원을 바꾸어 이주한다. 그러나 그 다음 해는 본능적으로 출발지점으로 되돌아 옴으로 「고향」이 됨.
3) **Pour ne pas dévier du chemin le plus droit**: 전행 viennent 동사의 목적 상황보어다. 즉 Il viennent...pour ne pas dévier du chemin le plus droit. 「가장 빠른 길에서 우회하지 않기 위해」.
4) **crouler au loin les dunes**: 둘째 행 l'on voit의 <직접목적어+직접목적어 속사>, 즉 <지각동사+부정법>의 형식이다. l'on voit crouler au loin les dunes sous leur pied large et sûr의 도치.
5) **Celui qui tient la tête**: 「선두에 선 자」.
6) **l'arc de son échine**: 「활 모양으로 굽은 등」. 원래는 「등의 활」이나 이처럼 우리 말로 어색할 경우에는 명사를 명사 한정어처럼 번역하면 좋다.
7) **Se voûte puissamment à ses moindres efforts**: 「약간만 힘을 주어도 몹시 꾸부러진다」.
8) **au but certain**: 본능적으로 찾게 되는 「정확한 목적지에」.
9) **Les pèlerins massifs**: 「떼를 지은 사막의 대상(隊商)들」. 코끼리들을 가리킨다.

L'oreille en éventail, la trompe entre les dents,
Ils cheminent, l'œil clos. Leur ventre bat et fume,
Et leur sueur dans l'air embrasé monte en brume;
Et bourdonnent autour mille insectes ardents.[1]

Mais qu'importent la soif et la mouche vorace,
Et le soleil cuisant leur dos noir et plissé?
Ils rêvent[2] en marchant du pays délaissé,
Des forêts de figuiers où s'abrita[3] leur race.

Ils reverront le fleuve échappé[4] des grands monts,
Où nage en mugissant l'hippopotame énorme,[5]
Où, blanchis par la lune et projetant leur forme,
Ils descendaient pour boire en écrasant les joncs.

Aussi, pleins de courage et de lenteur, ils passent
Comme une ligne noire,[6] au sable illimité;
Et le désert reprend son immobilité
Quand les lourds voyageurs à l'horizon s'effacent.[7]

Poèms barbares

---

1) **milie insectes ardents**: bourdonnent 동사의 주어임. 「타는 듯한 수 많은 곤충들」.
2) **rêvent**: 향수를 느끼며 「그리워 하다」. rêvent 동사의 직접목적보어는 des forêts de figuiers임. 시인은 코끼리의 본성을 인간의 심정과 같이 묘사했다. 그러므로 chef, compagnon, pèlerin, patriache 등의 용어를 사용했다.
3) **s'abrita**: 「이주하여 서식했던」.
4) **échappé**: échapper de *qc*는 「…에서 도망치다」의 뜻이나 여기서는 「…에서 강물이 흘러 내린」의 뜻임.
5) **l'hippopotame énorme**: 시인이 풍경을 코끼리의 눈으로 보지 않고 자신의 눈으로 보고 있다는 것을 알 수 있다. 왜냐하면 하마가 코끼리 보기에는 크게 보이지 않지만 사람에게는 크게 보이기 때문이다.
6) **une ligne noire**: 코끼리가 사막을 통과할 때 「까만 줄」처럼 보인다.
7) **s'effacent**: 「보이지 않게 되다」.

LE SOMMEIL DU CONDOR[1]

Par delà l'escalier des roides Cordillères,[2]
Par delà les brouillards hantés des aigles noirs,
Plus haut que les sommets creusés en entonnoirs[3]
Où bout[4] le flux sanglant des laves familières,
L'envergure[5] pendante et rouge par endroits,
Le vaste Oiseau, tout plein d'une morne indolence,
Regarde l'Amérique et l'espace en silence,
Et le sombre soleil qui meurt dans ses yeux froids.
La nuit roule de l'Est, où les pampas sauvages[6]
Sous les monts étagés s'élargissent sans fin;
Elle endort le Chili,[7] les villes, les rivages,
Et la mer Pacifique et l'horizon divin;
Du continent muet elle s'est emparée:
Des sables aux coteaux, des gorges aux versants,[8]
De cime en cime, elle enfle, en tourbillons croissants,
Le lourd débordement de sa haute marée.

---

1) 이 시는 1857년 8월 1일자로 *Revue française*에 처음으로 발표하였다가 1862년에 Poèmes barbares 시집에 발표되었다. 이 작품도 les éléphants과 같이 웅장한 자연과 콘도르(독수리의 일종)가 밤과 낮의 투쟁에서 밤이 승리하고 어둠이 대지를 점령하자 콘도르는 어두움에 잠긴 대지를 피해서 가장 높은 산꼭대기로 올라갔다. 그래서 아직도 광선이 비치는 산꼭대기에 매달려 있다. 이 시도 극적인 장면을 객관적으로 잘 묘사했으며 시형이 완벽하다.

2) **roides Cordillères:** roides는 raides의 고어체임. Cordillères는 南美 서해안에 있는 산맥.

3) **creusés en entonnoirs:** 「움푹하게 패여 깎아 세운 듯한」.

4) **bout:** bouillir(끓다)의 직설법 현재 3인칭 단수.

5) **L'envergure:** 「두 날개」. condor는 南美에서 가장 큰 종류의 독수리의 일종. 그 날개의 길이는 약 3미터나 된다. 어떤 새도 condor 만큼 더 높게 힘차게 날 수 없다.

6) **les pampas sauvages:** 「南美의 大草原들」.

7) **Elle endort le Chili:** 「밤은 칠레…를 잠재운다」. endort는 타동사며 직접 목적보어는 Chili, villes, rivages 등임. 칠레는 남아메리카 안데스 분수령(分水嶺)에서 태평양 연안의 남반부를 차지하고 있으며 condor가 많이 서식함.

8) **des gorges aux versants:** 「협곡에서 산비탈까지」.

Lui,[1] comme un spectre, seul, au front du pic altier,[2]
Baigné d'une lueur qui saigne, sur la neige
Il attend cette mer sinistre qui l'assiège :
Elle arrive, déferle[3] et le couvre en entier.
Dans l'abîme sans fond la Croix australe[4] allume
Sur les côtes du ciel son phare constellé.
Il râle de plaisir, il agite sa plume,
Il érige son cou[5] musculeux et pelé,
Il s'enlève en fouettant l'âpre neige des Andes,
Dans un cri rauque il monte où n'atteint pas le vent,[6]
Et, loin du globe noir, loin de l'astre vivant,
Il dort dans l'air glacé, les ailes toutes grandes.

Poèmes barbares

1) **lui** : 다음 다음 행의 il과 동격이며 강조하기 위해서 앞에 나왔다. condor를 말함.
2) **au front du pic altier** : 「우뚝 솟은 산꼭대기에」.
3) **déferle** : 해안의 파도처럼 「부서지다」.
4) **la Croix australe** : 남반구(南半球)를 비치는 「남십자성」.
5) **érige son cou** : 날아갈 준비를 하고서 「고개를 쳐들고 있다」.
6) **où n'atteint pas le vent** : à l'endroit où le vent n'atteint pas임.

SULLY PRUDHOMME

(1839 — 1908)

LE VASE BRISÉ[1]

Le vase où meurt cette verveine[2]
D'un coup d'éventail fut fêlé; [3]
Le coup dut effleurer à peine:
Aucun bruit ne l'a révélé

Mais la légère meurtrissure,[4]
Mordant le cristal[5] chaque jour,
D'une marche invisible et sûre
En a fait lentement le tour.[6]

Son eau fraîche a fui goutte à goutte,
Le suc des fleurs s'est épuisé;

---

1) 이 시는 1865년에 *La Vie intérieure* 시집에 발표했다. Sully Prudhomme는 이 시를 발표하고 일약 유명하게 되었다. 그 이전에는 그는 단지 *Le Vase brisé*의 시인으로 알려졌을 정도였다. 이 시는 섬세하고 깊은 사상을 내포하고 있다. Prudhomme는 원래 내적 생활을 즐기는 시인이므로, 사랑하는 애인의 무관심과 다른 사람에게 보내는 추파로서 사랑의 금이 가는 것을 깨진 꽃병에 비유한 내용임. Octosyllabe(8음절 시)로서 rimes croisées (교차운)를 이룬 시이며 문체가 정확하고 조화를 이루고 있다. 유연한 문체로써 민감한 뉴앙스를 풍기고 있다.

2) **Verveine:** 마편초과(馬鞭草科)에 속하는 벽자색 꽃이 피는 다년초로서「베어베나 꽃」.

3) **D'un coup d'éventail fut fêlé:** fut fêlé d'un coup d'éventail로서「부채로 쳐서 금이 갔다」.

4) **meurtrissure:** 약간 간「금」.

5) **Mordant le cristal:** mordant은 이유를 나타내는 현재분사. cristal은 크리스탈 꽃병.「크리스탈 꽃병을 침식하여」.

6) **En a fait lentement le tour:** faire le tour de *qch*는「일주하다, 한바퀴돌다」. faire le tour du monde는「세계 일주하다」. en은 du vase로서 a fait lentement le tour du vase임.

Personne encore ne s'en doute ; [1]
N'y touchez pas, il est brisé.

Souvent ainsi la main qu'on aime,
Effleurant le cœur, le meurtrit ;
Puis le cœur se fend de lui-même,
La fleur de son amour périt ;

Toujours intact aux yeux[2] du monde,
Il sent croître et pleurer tout bas
Sa blessure fine et profonde ; [3]
Il est brisé, n'y touchez pas.

La Vie intérieure

LE CYGNE[4]

Sans bruit, sous le miroir des lacs profonds et calmes,
Le cygne chasse l'onde avec ses larges palmes,[5]
Et glisse. Le duvet de ses flancs est pareil
A des neiges d'avril qui croulent[6] au soleil ;

1) **s'en doute** : 「금이 간 것을 의심하다」.
2) **intact aux yeux** : 「눈에는 보이지 않지만」.
3) **Sa blessure fine et profonde** : Sa blessure는 지각동사 sent 다음에 부정법인 croître와 pleurer의 주어임. fine et profonde는 épithète(부가형용사)로서 佛詩에서 가능한 피하고 있다.
4) 이 시는 1864년에 썼으나 1868년까지 수차 수정하여 1869년에 *Les Solitudes*에 발표한 것이며, *Les Solitudes* 시집에서 가장 아름다운 詩다. 수차 수정을 가해서 시형이 간결하고 거의 완벽한 시임. 이 점에서 고답파 시로서 더욱 가치가 있다. 호수에서 헤엄치다 별빛 아래 잠자는 백조의 모습과 호수의 풍경을 섬세한 화폭처럼 객관적으로 묘사했다. 이 작품은 조형 예술적인 효과와 음악적인 효과를 내고 있다. 전체적으로 주는 인상은 우울하고 향수에 젖게한다.
5) **palmes** : 종려가지 모양의 「발」.
6) **croulent** : fondre 동사보다 더 비유적인 표현. 백조의 폭신폭신한 솜털에 더 적합한 표현이다.

Mais, ferme et d'un blanc mat, vibrant sous le zéphire,
Sa grande aile l'entraîne ainsi qu'un lent navire.
Il dresse son beau col au-dessus des roseaux,
Le plonge, le promène allongé[1] sur les eaux,
Le courbe gracieux comme un profil d'acanthe,[2]
Et cache son bec noir dans sa gorge éclatante.[3]
Tantôt le long des pins, séjour d'ombre et de paix,[4]
Il serpente, et, laissant les herbages épais
Traîner derrière lui comme une chevelure,
Il va d'une tardive et languissante allure.
La grotte où le poète écoute ce qu'il sent,
Et la source qui pleure un éternel absent,[5]
Lui plaisent : il y rôde ; une feuille de saule
En silence tombée[6] effleure son épaule.
Tantôt il pousse au large,[7] et, loin du bois obscur,
Superbe, gouvernant du côté de l'azur,[8]
Il choisit, pour fêter sa blancheur[9] qu'il admire,
La place éblouissante où le soleil se mire.
Puis, quand les bords de l'eau ne se distinguent plus,
A l'heure où toute forme est un spectre confus,
Où l'horizon brunit rayé d'un long trait rouge,[10]
Alors que pas un jonc, pas un glaïeul ne bouge,

---

1) **le promène allongé :** allonge는 le를 수식하는 속사이며 le는 윗 행 col을 받음.
2) **profil d'acanthe :** 굴곡이 아름다운 「아칸더스 잎의 옆 모습」. 아칸더스 잎은 코린트식 기둥 모양으로 곡선미가 있다.
3) **dans sa gorge éclatante :** 「빛나는 가슴의 솜털 속에」.
4) **séjour d'ombre et de paix :** des pins을 수식하는 apposition(同格)이다.
5) **un éternel absent :** 죽어서 「영원히 떠난 부재자」. 고대 전설에 의하면 개울물 소리는 자기 애인의 죽음을 슬퍼하는 물의 요정의 탄식 소리라고 한다.
6) **En silence tombée :** une feuillage de saule tombée en silence임.
7) **il pousse au large :** 「호수 한 가운데로 들어간다」.
8) **gouvernant du côté de l'azur :** 수초가 없어 「파란 하늘이 보이는 쪽에서 헤엄쳐서」.
9) **pour fêter sa blancheur :** 「흰 색깔을 뽐내기 위하여」.
10) **rayé d'un long trait rouge :** l'horizon을 수식한다.

Que[1] les rainettes font dans l'air serein leur bruit
Et que[1] la luciole au clair de lune luit,
L'oiseau, dans le lac sombre où sous lui se reflète
La splendeur d'une nuit lactée et violette,
Comme un vase d'argent parmi des diamants,[2]
Dort, la tête sous l'aile, entre deux firmaments.[3]

Les solitudes

LES YEUX[4]

Bleus ou noirs, tous aimés, tous beaux,[5]
Des yeux sans nombre ont vu l'aurore;
Ils dorment au fond des tombeaux
Et le soleil se lève encore.

Les nuits plus douces que les jours
Ont enchanté des yeux sans nombre;
Les étoiles brillent toujours
Et les yeux se sont remplis d'ombre.

Oh ! qu'ils aient perdu le regard,[6]
Non, non, cela n'est pas possible !

---

1) **que...et que**: 모두 alors que의 반복을 피하기 위해서 사용한 것.
2) **des diaments**: 호수에 비친 별들을 상징함.
3) **deux firmaments**: 공중에 있는 창공과 호수에 비친 창공.
4) 이 시는 철학적인 사상을 가진 감상적인 시다. 이 시에서 시안은 영혼 불멸에 대한 그의 신념과 내세에 대한 희망을 표현하고 있다. 여기서 〈눈(les yeux)〉은 生의 표시로 표현되어 있다. 사람이 죽을 때는 눈을 감는다. 이러한 발상에서 Sully Prudhomme는 그의 철학 사상을 섬세하게 표현하고 있다.
5) **Bleus ou noirs, tous aimés, tous beaux**: des yeux의 동격. 고통스러운 심정을 묘사하고 있다.
6) **qu'ils aient perdu le regard**: 이와 같이 독립접속절은 명령, 금지, 기원, 양보, 가정, 분개를 나타낸다. 여기서는 분개를 표시하는 것으로 「두 눈이 시력을 잃다니 !」의 뜻.

Ils se sont tournés quelques part
Vers ce qu'on nomme l'invisible;

Et comme les astres penchants[1]
Nous quittent, mais au ciel demeurent,
Les prunelles ont leurs couchants,
Mais il n'est pas vrai qu'elles meurent:

Bleus ou noirs, tous aimés, tous beaux,
Ouverts à quelque immense aurore,
De l'autre côté des tombeaux
Les yeux qu'on ferme voient encore.

La Vie intérieure

---

1) **les astres penchants:** 서녘하늘에 「지는 별들」.

CHARLES BAUDELAIRE

(1821 — 1867)

L'ALBATROS[1]

Souvent, pour s'amuser, les hommes d'équipage
Prennent des albatros, vastes oiseaux des mers,
Qui suivent, indolents compagnons de voyage,[2]
Le navire glissant sur les gouffres amers.[3]

A peine les ont-ils déposés sur les planches,
Que[4] ces rois de l'azur,[5] maladroits et honteux,
Laissent piteusement leurs grandes ailes blanches
Comme des avirons traîner à côté d'eux.

---

1) 이 시는 Baudelaire가 1841년 Réunion섬을 여행할 때 써서, 1859년 4월 10일 *Revue Française*에 발표했다가 그후 1861년 자기 시집 *Les Fleurs du Mal*에 발표했다. 배가 항해할 때 생긴 사고를 자기 친구에게 이야기하는 형식으로 되어 있다. 이 시가 처음에는 3절 밖에 없었으나 그후 친구의 요청에 의해 세째 절을 추가하여 모두 4절이 되었다. Albatros는 펠리캉 海鳥의 포르투갈 이름이다. 이 새는 원래 남반구에 서식하며 날개 폭이 3미터 이상이나 된다. 이 새는 폭식하는 새로서 항해하는 배를 따라 다니는 습성이 있다. Baudelaire는 방황하는 자기 자신을 albatros 새에 상징적으로 비유했다. 그는 뭇 사람 중에서 방황하는 자신을 구름의 왕자(prince des nuées)라고 비유했다. 길을 잃고 당황하는 albatros의 우스꽝스러운 모습은 자기 자신의 의지의 나약함과 주저함을 환기시키고 있다. 또한 선원들의 난폭한 야유는 Baudelaire가 주위에서 받고 있는 야유와 박해를 표시한다.

2) **indolents compagnons de voyage:** albatros가 바람을 타고 공중에 떠돌며 배를 따라오기 때문에 「여행의 게으른 길동무」이다. 윗 시행 des albatros를 수식한다.

3) **gouffres amers:** amer는 바다의 뜻임. 「바다의 소용돌이」.

4) **A peine...que:** 「…하자 마자 곧 …하다」의 뜻.

5) **ces rois de l'azur:** 13행 째의 prince des nuées와 관련이 있음. 이 두 표현은 자기 자신을 비유적으로 나타낸다. 이 표현은 폭풍우가 일 때도 공중을 높이 나는 큰 새를 묘사하는데 가장 적합하다.

Ce voyageur ailé, comme il est gauche et veule[1] !
Lui, naguère si beau, qu'il est comique et laid !
L'un agace son bec avec un brûle-gueule,[2]
L'autre mime, en boitant, l'infirme qui volait ! [3]

Le Poète est semblable au prince des nuées
Qui hante la tempête et se rit de l'archer;
Exilé[4] sur le sol au milieu des huées,
Ses ailes de géant l'empêchent de marcher.

Les Fleures du Mal

CORRESPONDANCES[5]

La Nature est un temple où de vivants piliers[6]
Laissent parfois sortir de confuses paroles;
L'homme y passe à travers des forêts de symboles[7]
Qui l'observent avec des regards familiers.

---

1) **veule**: 야생 동물이 활기를 잃고 「기운없는」 것 같이 보임.
2) **un brûle-gueule**: 「짤막한 파이프」. (은어).
3) **mime, en boitant, l'imfirme qui volaient**: mime는 야유하기 위하여 놀리면서 흉내내는 것. l'infirme는 albatros를 가리킴. 「절룩거리면서 날아다니던 불구자 새를 흉내낸다」.
4) **exilé**: 다음 행 주어를 수식하지 않고 직접 목적보어 l' (le)를 수식한다.
5) 이 시는 1857년에 발표된 시로써 *Les Fleurs du Mal*에 수록되었다. 이 시는 Baudelaire의 美學의 기본 개념을 내포한 작품으로서 그후 상징주의(symbolisme)에 큰 영향을 끼쳤다. 외계를 상징적으로 표현하여 우리의 인식을 환기시킨 작품이다. 우리의 모든 감각(오관)을 동원하여 자연의 신비를 드러낸 작품이다. 우리의 오관은 서로 상응(correspondance)한다. 외계는 상징을 제공하며 우리의 감각을 통해 정신세계 내지 우리의 인식을 환기시켜 준다.
6) **vivant piliers**: 나무를 가리킨다. 그러나 Baudelaire는 고대 전설의 축성(祝聖)된 나무를 생각하고 있다. 희랍신화에서는 제우스神이 참나무 잎을 흔들리게 해서 신탁을 했다.
7) **des forêts de symboles**: 시인의 잠재의식 속에 숨어 있는 자연의 관념을 표현하기 위한 숲의 표시.

Comme de longs échos qui de loin se confondent
Dans une ténébreuse et profonde unité,
Vaste comme la nuit et comme la clarté,
Les parfums, les couleurs et les sons se répondent.[1]

Il est des parfums[2] frais comme des chairs d'enfants,
Doux comme les hautbois,[3] Verts comme les prairies,
— Et d'autres,[4] corrompus, riches et triomphants,

Ayant l'expansion des choses infinies,
Comme l'ambre ; le musc, le benjoin et l'encens,
Qui chantent les transports de l'esprit et des sens.[5]

Les Fleurs du Mal

---

1) **Les parfums, les couleurs et les sons se répondent :** 이 시행은 상징주의의 美學의 일부를 나타내는 표현으로, 인간의 오관 중 취각(les parfums), 시각(les couleurs) 및 청각(les sons)을 동원하여 서로 교감(交感)시켜야 된다는 표현이다. 그 외에 상징주의 시인들은 촉각을 자극시키기 위하여 「솜털같이 부드러운」과 같은 표현을 사용하기도 하고, 미각을 자극시키기 위하여 「인생의 고배를 마신다」 등의 표현을 사용하기도 했다.

2) **Il est des parfums :** 여기서 il은 형식상의 주어이며 진주어는 des parfums이다. Il y a des parfums과 같은 뜻이다.

3) **les hautbois :** 「오보에 음(音)」. 오보에는 높은 음을 내는 목관악기로서 아름답고 부드러운 음색을 가진 악기다.

4) **Et d'autres :** Et il est d'autres parfums의 생략형임.

5) **transports de l'esprit et des sens :** 시인은 여러 종류의 향기를 나열함으로써 정신적인 갈망과 관능적인 욕구를 대조시키고 있다. 「정신과 감각의 환희」.

HARMONIE DU SOIR[1]

Voici venir les temps[2] où vibrant sur sa tige
Chaque fleur s'évapore ainsi qu'un encensoir;
Les sons et les parfums tournent dans l'air du soir;
Valse mélancolique[3] et langoureux vertige[4] !

Chaque fleur s'évapore ainsi qu'un encensoir;
Le violon frémit[5] comme un cœur qu'on afflige;
Valse mélancolique et langoureux vertige !
Le ciel est triste et beau comme un grand reposoir.[6]

Le violon frémit comme un cœur qu'on afflige,
Un cœur tendre, qui hait le néant vaste et noir[7]!

---

1) 이 시는 1857년 4월 20일에 *Revue française* 에 발표되었다가 그후 *Les Fleurs du Mal* 에 다시 발표됐다. 이 작품은 Baudelaire의 생애에 중요한 위치를 차지한 여자 친구의 한 사람인 Madame de Sabatier에 의해 영감을 받은 작품이다. 이 시에서도 두 개의 서로 다른 감흥(sensations) 사이에 correspondance를 엿볼 수 있다. 〈les sons et les parfums tournent〉의 싯귀에서 엿볼 수 있는 것처럼, 음(音)과 향기가 색채와 詩型과 더불어 서로 交感되어서 생기는 효과는 훌륭한 조화를 이루고 있다. 이 시는 4행의 절로 구성된 4절의 정형시인 pantoum이다. 이러한 종류의 pantoum은 고전시인들과 Théodor Banville 등 고답파 시인들에 의하여 많이 애용되었다. 원래 pantoum은 매절의 둘째 행과 넷째 행이 다음 절의 첫 행과 셋째 행에 반복되는 시다. 그리고 시의 첫 행이 마지막 행에 반복되어야 한다. 그러나 Baudelaire의 이 시는 그렇게 규칙적인 것은 아니다. 여기서 Symbolisme의 규칙완화 현상을 볼 수 있다.

2) **voici venir les temps**: voici는 「…이 가까와진다」. 「…할 시간이 가까이 되었다, 가까이 온다」.

3) **valse mélancolique**: 종소리, 음악소리, 새들의 노래소리, 미풍의 살랑거리는 소리 등 저녁때에 나는 음향으로서 「침울한 왈츠」.

4) **langoureux vertige**: 꽃의 향기 때문에 정신을 몽롱하게 하고 「맥풀리게 하는 현기증」. 이 행에서 v와 l로써 머리운(頭韻)의 효과를 잘 내고 있다.

5) **Le violon frémit**: 시인은 바람소리를 「흐느끼는 violon」 소리로 생각한다.

6) **reposoir**: 순례자들이 행길가에 세운 「임시 제대」. 이 제대에서 사용되는 빨갛고 노란 색깔의 휘장, 꽃이나 향료는 화려한 황혼에 적합한 이미지임.

7) **le néant vaste et noir**: 밤이 연상시키는 임종의 고뇌를 의미함. 「거대하고 침침한 허무」.

Le ciel est triste et beau comme un grand reposoir;
Le soleil s'est noyé dans son sang[1] qui se fige.

Un cœur tendre, qui hait le néant vaste et noir,
Du passé lumineux recueille tout vestige[2]!
Le soleil s'est noyé dans son sang qui se fige
Ton souvenir[3] en moi luit comme un ostensoir[4]!

Les Fleurs du Mal

RECUEILLEMENT[5]

Sois sage,[6] ô ma Douleur, et tiens-toi plus tranquille.
Tu réclamais le Soir; il descend; le voici:
Une atmosphère obscure enveloppe la ville,
Aux uns portant la paix,[7] aux autres le souci.

---

1) **Le soleil s'est noyé dans son sang:** 빨갛게 노을진 지평선으로 해가 넘어가는 광경은 빨갛게 물든 석양 속에 피를 남긴 것같이 생각된다. 태양이 마치 그 속으로 빠지려는 것같이 시인은 생각하고 있다.

2) **recueille tout vestige:** 시인은 죽음과 허무의 공포 속에서, 부활을 바라는 그리스도교 신자처럼 그날의 마지막 석양에 애착심을 가지고 있다. 「찬란한 과거의 발지취를 회상하고 있다」.

3) **Ton souvenir:** 이 시를 바칠 사랑하는 여인에 대한 추억. 고독과 허무감으로 괴로워하고 있는 시인은 마지막 비치는 석양을 보고 몹시 울적한 마음을 금치 못한다.

4) **un ostensoir:** 축성(祝聖)된 성체(聖體)를 신자들에게 현시(顯視)시키기 위하여 성체를 모시는 「성체현시대(聖體顯視臺)」.

5) 이 시는 1862년 2월 호 *La Revue Européenne*에 처음으로 발표했다가 1868년 *Les Fleurs du Mal* 제 3판에 수록한 작품이다. 이 시는 소네트(14행시)로서 Edger Alain Poe의 영향을 받은 일종의 비가(l'élégie)이다. 이 시로부터 Baudelaire는 명상과 우수의 시인으로 알려졌다. 그는 나무 그늘에 앉아서 조용히 석양을 바라보면서, 현실에 생기는 갖가지 근심 걱정을 달래곤 했다. 그러나 고독 속에서 괴로움은 밤의 사자(使者)로서 그림자처럼 따라다닌다. 이 시는 후에 Verlaine, A. Samain 등 상징주의 시인들에게 많은 영향을 끼친 작품이다.

6) **Sois sage, ô ma Douleur:** Baudelaire는 고통(douleur)에게 인간에게 말하는 것처럼 친근하게 타이르고 있다. 「오, 고통이여, 점잖게 가만히 있어라」.

7) **Aux uns portant la paix:** portant la paix à quelques-uns.

Pendant que des mortels la multitude vile,[1]
Sous le fouet du Plaisir,[2] ce bourreau sans merci,
Va cueillir des remords dans la fête servile,[3]
Ma Douleur, donne-moi la main ;[4] viens par ici,

Loin d'eux.[5] Vois se pencher les défuntes Années,[6]
Sur les balcons du ciel, en robes surannées ;
Surgir du fond des eaux[7] le Regret souriant ;[8]

Le Soleil moribond s'endormir sous une arche,
Et, comme un long linceul traînant à l'Orient,[9]
Entends, ma chère,[10] entends la douce Nuit qui marche.

Les Fleurs du Mal

---

1) **des mortels la multitude vile :** la multitude vile des mortels의 전도임. 「인간들의 천한 무리들」.
2) **Sous le fouet du plaisir :** 쾌락의 포로가 되었으므로 가혹한 주인인 쾌락은 채찍질한다. 「쾌락의 채찍을 맞으면서」.
3) **la fête servile :** 쾌락의 노예이기 때문에 노예다운 「비열한 향연」이 됨.
4) **donne-moi la main :** 시인은 역시 「고통」을 의인화(擬人化)하고 있다.
5) **Loin d'eux :** 「(쾌락의 노예가 된) 비열한 사람들을 멀리하라」.
6) **les défuntes Années :** 발갛게 물든 저녁 노을 속에서 시인은 행복했던 과거의 환상이 보이는 것으로 착각하고 있다. 「과거의 환상, 환영」.
7) **du fond des eaux :** 여름철에 아름다운 황혼이 세느강 물을 아름답게 물들인 광경. 「세느강 물 밑에서」.
8) **le Regret souriant :** 과거의 추억은 시인에게 아름답게 생각되기 때문에 「미소를 띤 후회」로 표현했다.
9) **un long linceul traînant à l'Orient :** 시인은 여기서 다시 죽음의 관념을 밤과 결부시키고 있다. 「동방에 긴 옷자락을 끌고 있는 수의」.
10) **ma chère :** 고뇌(douleur)를 가리킴. 아마도 사랑하는 여인에 대한 그리움에서 생긴 고뇌를 의인화한 것이리라. 「귀여운 고뇌여 !」.

LA VIE ANTÉRIEURE[1]

J'ai longtemps habité[2] sous de vastes portiques
Que les soleils marins teignaient de mille feux,
Et que leurs grands piliers, droits et majestueux,
Rendaient pareils, le soir, aux grottes basaltiques.

Les houles, en roulant les images des cieux,
Mêlaient d'une façon solennelle et mystique[3]
Les tout-puissants accords de leur riche musique
Aux couleurs du couchant reflété par mes yeux.

C'est là que j'ai vécu dans les voluptés calmes,
Au milieu de l'azurs des vagues, des splendeurs
Et des esclaves nus, tout imprégnés d'odeurs,

Qui me rafraîchissaient le front[4] avec des palmes,
Et dont l'unique soin était d'approfondir
Le secret douloureux[5] qui me faisait languir.

Les Fleurs du Mal

---

1) 이 시는 1855년 6월에 *la Revue des Deux Mondes*에 다른 몇 편의 시와 함께 *Les Fleurs du Mal*이라는 표제로 게재한 시다. Baudelaire가 항상 동경하고 있던 이상적인 동양에 대한 꿈은 항상 사라지지 않았다. 그는 어렸을 때 갔던 여행의 인상을 가공적인 장면으로 만들었다. 이 시에서도 색채, 음향, 향기 등을 이용하여 감각기관을 잘 자극시킨 작품이다.

2) **J'ai longtemps habité**: 전세(前世)에 「나는 많이 살았다」는 뜻임.

3) **mystique**: 천국의 이미지(les images des cieux)와 관계되는 이미지이기 때문에 신비롭다. façon에 걸리는 épithète로서 운(韻)에 épithète를 사용하면 기교상 너무 안일하므로 고전 불시에서는 이러한 현상을 피해 왔다. 또한 풍금소리를 연상시키는 파도소리 속에서도 신비로운 그 무엇이 있다.

4) **me rafraîchissaient le front**: Baudelaire는 그의 작품 *Paradis artificiels* 속에서 폭서(暴暑)는 동양의 강렬한 일광(日光)과 관련이 있다고 말했다. me는 소유를 나타냄. 「나의 이마를 시원하게 하는」.

5) **le secret douloureux**: Baudelaire가 공연히 추구하는 이상(理想)이다. 그의 전신을 압도하던 열기를 노예들이 진정시킴으로써 그를 「괴롭히던 이상」이 더욱 생생하게 머리에 떠오른다.

PAUL VERLAINE

(*1844 — 1896*)

ART POÉTIQUE[1]

De la musique avant toute chose,
Et pour cela préfère l'Impair,[2]
Plus vague et plus soluble[3] dans l'air,
Sans rien en lui qui pèse ou qui pose.[4]

Il faut aussi que tu n'ailles point
Choisir tes mots sans quelque méprise :[5]

---

1) 이 시는 Romance sans paroles 시기인 1874년에 썼으나 그 후 1884년에 Jadis et Naguère에 발표되었다. *L'Art poétique*는 Verlaine 自身의 詩法과 상징주의의 詩法이 요약된 작품이다. 이 시는 낭만주의와 고답파의 웅변적인 시풍(詩風)과 韻의 불필요한 제한을 비난했다. Verlaine는 독자들에게 가장 민감한 感性의 뉘앙스를 호소했으며, 詩人들에게는 조화를 이루는 音樂的인 效果로 이미지와 공상의 세계를 유도하는 기교를 호소했다. 이리하여 이 시는 젊은 상징주의 시인들에게는 福音과 같이 생각되었다. 많은 젊은 시인들이 *L'Art poétique*의 첫 행과 8절의 첫 행(De la musique avant toute chose,/ De la musique encore et toujours!)을 외치며 상징주의 운동에 앞장 섰다. 이 시는 마침내 1885년을 전후하여 서로 병행하여 계속적으로 일어난 상징주의의 다섯 가지 운동(L'Art poétique de Verlaine, la tentative instrumentale, la poésie pure, la tentative du vers libre, l'influence de Wagner) 중에 하나로서 가장 먼저 일어난 운동이다. 詩行이 奇數脚(l'impaire)로 된 것이 특징이다.

2) **pour cela préfère l'Impair**: Impaire는 奇數 韻律을 말함. 기수각 중에서도 5음절 시행과 7음절 시행은 빈번히 사용되었다. 그러나 9음절 시행과 11음절 시행은 Ronsard 외에는 별로 사용되지 않았다. 「그러기 위해서 기수각 시행을 택하라」.

3) **soluble**: 우수 음절 시행은 韻律이 너무 분명하고 박자가 맞기 때문에 사상이나 감정을 더욱 분명히 표현할 수 있다. 그러나 시는 모호하고 유동성 있는 뉘앙스를 풍기는 것이므로 기수음절이 낫다. 「유동성 있는」.

4) **qui pèse ou qui pose**: 「무게 있고 오래 쉬는」.

5) **sans quelque méprise**: 너무 정확하고 꼭 알맞는 단어를 선택하기보다는 무척 미묘한 사상의 뉘앙스를 잘 환기시키는 막연한 詩語를 선택하라는 뜻임. 이러한 詩語에서는 자유로운 상상의 날개를 펼 수 있기 때문이다. 「아무런 오해도 없이 정확한」.

Rien de plus cher que la chanson grise[1]
Où l'Indécis au Précis se joint.

C'est des beaux yeux derrière des voiles,[2]
C'est le grand jour tremblant de midi,[3]
C'est, par un ciel d'automne attiédi,
Le bleu fouillis des claires étoiles !

Car nous voulons la Nuance encor,[4]
Pas la Couleur, rien que la Nuance !
Oh ! la Nuance seule fiance[5]
Le rêve au rêve et la flûte au cor !

Fuis du plus loin la Pointe assassine,[6]
L'Esprit cruel et le Rire impur,[7]
Qui font pleurer les yeux de l'Azur,[8]
Et tout cet ail[9] de basse cuisine !

---

1) **chanson grise**: gris(회색)은 원래 불확실하고 어렴풋한 색깔임. 「어렴풋한 노래」.

2) **C'est des beaux yeux derrière des voiles**: c'est...로 된 표현은 마치 증발하고 있는 안개를 통하여 새어 들어오고 있는 부드러운 광선과 같은 사상을 표현하는 이미지다. 여기서 동사의 일치에 주의 바람.

3) **le grand jour tramblant de midi**: 「정오에 요동하고 있는 태양광선」.

4) **la Nuance encor**: 어떤 사상이나 감정을 분명히 표현하는 것보다 시에서 韻律 등 音樂的인 效果로써 내용을 암시하며 뉘앙스를 풍겨야 한다는 뜻임. encor는 넷째 詩行 cor와 운을 맞추기 위하여 <e>를 삭제한 것.

5) **fiance**: 마치 피리소리가, 공간을 통하여 각적(角笛)의 소리가 서로 융합되는 것처럼 시인의 상상이 독자의 상상과 결합하고 양자 간의 感性을 일치시켜야 한다는 뜻임.

6) **la pointe assassine**: 칼날처럼 예리하게 찔러서 詩를 죽이게 되는 기지에 번쩍이고 지성적인 표현법. 「시를 망치는 지성적인 표현」.

7) **rire impur**: 웃음은 그 자체로서 불순한 면이 있다. 웃음은 지성과 아이러니에서 생겼기 때문이다.

8) **font pleurer les yeux de l'Azur**: Azur는 순수함과 영감(inspiration)의 상징임. 순수시(poésie pure)는 위와 같은 저속한 效果를 추구하는 힘에 겨운 노력을 슬퍼하게 된다. 「순수시를 추구하는 사람들의 눈에 눈물을 흘리게 한다」.

9) **cet ail**: 요리에서 마늘이 맛을 내게 하는 것과 마찬가지로, 지성적인 표현은 무미건조한 詩에 맛을 내게 할 뿐이라는 뜻이다. 「보잘것 없는 요리의 마늘」.

Prends l'éloquence[1] et tords-lui son cou![2]
Tu feras bien, en train d'énergie,[3]
De rendre un peu la Rime assagie.[4]
Si l'on n'y veille, elle ira jusqu'où?

O qui dira les torts de la Rime!
Quel enfant sourd[5] ou quel nègre fou
Nous a forgé ce bijou d'un sou
Qui sonne creux et faux sous la lime?[6]

De la musique encore et toujours!
Que[7] ton vers soit la chose envolée
Qu'on sent qui fuit d'une âme en allée[8]
Vers d'autres cieux à d'autres amours,

Que ton vers soit la bonne aventure[9]
Éparse au vent crispé[10] du matin

---

1) **l'éloquence**: 낭만주의와 고답파의 과장적인 수사법(修辭法)과 詩作法을 말함. 특히 Verlaine은 대리석같이 냉랭하며 지나치게 엄격한 고답파 시작법과 Lamartine, Hugo처럼 지나치게 感情을 넣어 웅변적으로 표현하는 시작법을 가리킨다.
2) **tords-lui son cou**: 거만하게 고개를 쳐들고 겉멋부리는 「그(웅변적인 시법)의 목을 비틀어라」.
3) **en train d'énergie**: 시에 필요한 희생을 할 뜻이 있는 동안, 「정력을 쓰는 김에」.
4) **De rendre un peu la Rime assagie**: 지나치게 풍부하고 과장된 韻을 약간 완화하는 것이 좋다는 뜻임. 전 행 tu feras bien에 연결된다.
5) **enfant sourd**: 시에서 참다운 音樂과 내재적인 운율을 들을 수 없는 사람. 이들은 흑인, 야만인들과 마찬가지로 한푼 어치 값없는 장식으로 우리의 눈을 현혹시키듯이 귀를 울리는 낭랑한 운으로 사람의 마음을 현혹시킨다는 뜻임.
6) **sonne creux et faux sous la lime**: 시인이 세심하게 韻을 다듬질하고 기교를 부리면 부릴수록 더욱 무의미하고 불필요하게 보인다. 「줄로 다듬질 할 때 공허하고 헛되게 울리는」.
7) **Que**: 독립 접속절을 이끄는 que로서 여기서는 명령의 뜻을 나타냄.
8) **d'une âme en allée**: 과거분사의 특수한 용법임. qui s'est enfuie vers 혹은 qui est allée vers의 뜻임. 「…으로 달아나는 영혼으로부터」.
9) **la bonne aventure**: 상궤(常軌)를 벗어난 사상의 비약적인 표현.
10) **crispé**: 바람의 서늘한 기운이 피부를 오싹하게 하는 「세차게 부는」의 뜻으로 능동적인 의미임.

Qui va fleurant la menthe et le thym...
Et tout le reste est littérature.[1]

Jadis et Naguère

CHANSON D'AUTOMNE[2]

Les sanglots longs
Des violons[3]
  De l'automne
Blessent mon cœur
D'une langueur
  Monotone.

Tout suffocant[4]
Et blême, quand
  Sonne l'heure,[5]
Je me souviens
Des jours anciens
  Et je pleure;

---

1) **littérature**: 엄격한 규칙과 인위적으로 詩作을 하는 「단순한 문학」. 경멸하는 뜻으로 사용하였음.

2) 이 시는 1866년에 Paysage triste란 제목으로 썼다가 그 후 Chanson d'automne로 고쳐서 *Poèmes Saturniens* 시집에 발표한 작품이다. 이 시는 제목에서도 보여주는 것과 같이 우울한 뉘앙스를 풍기는 작품이다. 시인은 분명한 까닭도 없는 우울증에 탐닉한다. 그러나 그는 우울증이 가지는 섬세하고 신비로운 감정(感情) 때문에 그 우울증과 친밀하게 되고 우울증을 사랑한다.

3) **Des violons**: 가을 바람 속에서 시인은 바이올린의 구슬픈 곡조를 듣는 것으로 생각하고 있다.

4) **tout suffocant**: 타동사적으로 사용된 동사적 형용사임. 격렬한 감정에 얽매였기 때문에 「온통 숨막혀서」.

5) **quand sonne l'heure**: 삼종경(三鐘經) (그리스도의 강생과 성모 마리아를 공경하는 뜻으로 매일 아침 6시, 정오, 오후 6시에 세 번 종을 칠 때마다 외우는 기도문)을 바칠 시간임을 알리는 「종소리가 울릴 때」.

Et je m'en vais
Au vent mauvais[1]
  Qui m'emporte
Deçà, delà,
Pareil à la[2]
  Feuille morte.

Poèmes Saturniens

ÉCOUTEZ LA CHANSON BIEN DOUCE...[3]

Écoutez la chanson bien douce
Qui ne pleure que pour vous plaire,[4]
Elle est discrète, elle est légère :
Un frisson d'eau sur de la mousse !

La voix[5] vous fut connue (et chère ?)
Mais à présent elle est voilée
Comme une veuve désolée,[6]
Pourtant comme elle encore fière,

1) **Au vent mauvais :** 「세찬 바람 부는 데로」.
2) **la feuille :** 정관사와 명사는 항상 붙어 있어야 하는 데 이와 같이 시행이 바뀌는 현상을 l'enjambement (擲置)이라고 부른다. 즉 문법상으로나 의미상으로 분리가 불가능한 것을 분 리시키면서 시행을 바꾸는 것을 고전불시에서부터 금지해 왔다. 그러나 낭만주의서부터 다 소 완화하는 경향은 있었지만 여하간 詩에서 좋은 현상은 아니다.
3) 이 시는, 1870년에 결혼한 후 별거 생활을 하다가 자기 부인에게 자기의 방탕했던 생활 을 속죄하는 심정으로 1878년에 써 보낸 것이다. 그는 새로운 신앙을 가진 후 그의 생활 과 사상을 정리하여 이 시를 썼다. Verlaine는 무척 간절하게 하소연하였으나 그의 부인 은 받아들이지 않았다. 그는 그의 무절제한 생활을 곧 다시 시작하였기 때문이다.
4) **pleure, plaire :** 이 두 단어는 명쾌하고 유창한 두운(頭韻)의 효과를 나타내고 있다.
5) **la voix :** Verlaine 자신의 음성. 과거 약혼 시절에 사랑의 맹세를 한 음성.
6) **une veuve désolée :** 사랑을 잃고 「비탄에 잠긴 과부」.

Et dans les longs plis de son voile,[1]
Qui palpite aux brises d'automne,
Cache et montre au cœur qui s'étonne
La vérité[2] comme une étoile.

Elle dit, la voix reconnue,[3]
Que la bonté c'est notre vie,
Que de la haine et de l'envie
Rien ne reste, la mort venue.

Elle parle aussi de la gloire[4]
D'être simple sans plus attendre,
Et de noces d'or[5] et du tendre
Bonheur d'une paix sans victoire.[6]

Accueillez la voix qui persiste
Dans son naïf épithalame.
Allez, rien n'est meilleur à l'âme
Que de faire une âme moins triste!

Elle est *en peine* et *de passage*,
L'âme[7] qui souffre sans colère,

---

1) **dans les longs plis de son voile:** voile는 모든 것을 감추어서 어렴풋하게 밖에 보이지 않는다. 「면사포의 긴 자락 속에」.
2) **La vérité:** 다음 두 절(節)에서 말한 사실.
3) **la voix reconnue:** avec une voix reconnue.
4) **de la gloire:** 시인은 헛된 자만심과 겸손하고 고상한 심정을 대조시키고 있다.
5) **de noces d'or:** 「금혼식」. Verlaine은 다시 찾은 가정에서 무척 오랫동안 행복한 가정생활을 하려고 희망했다.
6) **la paix sans victoire:** 부부간의 타협은 상호간의 양보로써 이루어지는 것이며 어느 한 쪽이 우세한 입장에서 이루어지는 것이 아니다. 「양보하고 승리없는 평화」.
7) **l'âme:** 시인의 마음.

Et comme sa morale est claire !...
Écoutez la chanson bien sage.

Sagesse

MON DIEU M'A DIT...[1]

I

Mon Dieu m'a dit : — Mon fils, il faut m'aimer. Tu vois[2]
Mon flanc percé, mon cœur qui rayonne et qui saigne,
Et mes pieds offensés[3] que Madeleine[4] baigne
De larmes, et mes bras douloureux sous le poids[5]

De tes péchés, et mes mains ! Et tu vois la croix,
Tu vois les clous, le fiel, l'éponge, et tout t'enseigne
A n'aimer, en ce monde amer où la chair règne,
Que ma Chair et mon Sang,[6] ma parole et ma voix.

---

1) 이 작품은 1875년에 발표된 그의 시집 *Cellulairement*에 수록된 작품이다. 이 詩는 sonnet이며 Verlaine의 시집 *Sagesse* 2부에 나오는 가장 긴 장시의 발췌이다. 그가 가톨릭으로 입교한 후 그의 신앙심의 흔적을 나타낸 작품이다. 자비심 많은 하느님과 죄중에서 회개하고 있는 비천한 피조물 사이에 전개되는 비통한 어조의 대화로 엮어졌다. 문체가 간결하고 사상이 겸허한 가톨릭교 서정시의 경향을 띤 작품이다.

2) **Tu vois** : 그리스도가 인류의 구원을 위하여 수난을 당하고 속죄한 것을 환기시키면서, 이처럼 희생을 치룬 그리스도를 사랑하라고 모든 사람에게 특히 죄인들에게 권유하고 있다.

3) **offensés** : 어원적인 의미로 blessés의 뜻임. 「못박은 발」.

4) **Madeleine** : 마리아 막달라를 말함. 그녀는 그리스도께서 수난 당하던 날, 갈바리아산에 그리스도를 따라갔다. 그녀는 십자가를 잡고 눈물을 흘렸다.

5) **sous le poids** : 이처럼 시행이 굽어져 척치(擲置, rejet)현상이 생기고 다음 절로 연결된 것은 그리스도의 오상(五傷)을 묘사한다고 E. Maynial은 설명하고 있다.

6) **ma Chair et mon Sang** : 누가 복음 22장에 있는 그리스도의 최후의 만찬을 암시하고 있다. 성체(聖體)는 수난을 상징하고 육신의 쾌락과 인간적인 정욕의 야비한 향락을 반대하고 있다.

Ne t'ai-je pas aimé jusqu'à la mort moi-même,
O mon frère en mon Père, ô mon fils en l'Esprit[1]
Et n'ai-je pas souffert, comme c'était écrit ?[2]

N'ai-je pas sangloté[3] ton angoisse suprême
Et n'ai-je pas sué la sueur de tes nuits,
Lamentable ami qui me cherches où je suis ?

....

VIII

— Ah, Seigneur, qu'ai-je ? Hélas, me voici tout en larmes
D'une joie extraordinaire ;[4] votre voix
Me fait[5] comme du bien et du mal à la fois,
Et le mal et le bien, tout a les mêmes charmes.

Je ris, je pleure, et c'est comme un appel aux armes[6]
D'un clairon pour des champs de bataille où je vois
Des anges bleus et blancs portés sur des pavois,[7]
Et ce clairon m'enlève en de fières alarmes.[8]

---

1) **l'Esprit**: 이 행 전체가 성부, 성자, 성신의 三位一體를 암시하고 있다.
2) **comme c'était écrit**: 「성서에 기록되어 있는 대로」.
3) **sangloté**는 다음 행의 ai sué와 함께 직접목적보어를 취하는 타동사라는 점에 유의하기 바람. 그리스도는 인간의 나약함과 죄를 보속(補贖)하기 위하여 대신 짊어짐.
4) **me voici tout en larmes d'une joie extraordinaire**: voici는 동사와 지시사의 역할을 겸하여 특정 품사로 분류하기 어렵지만 부사로 분류하기도 한다. voici와 voilà는 원래 voir 동사의 명령형 vois에 ci와 là를 붙인 형태다. 여기서 voici는 일종의 계합동사(verbe copule)로서 être나 rester 동사의 역할을 한다. Nous voici au printemps은 Nous sommes au printemps과 같다. larmes de joie이지만 extraordinaire가 있으므로 d'un joie가 된다.
5) **votre voix me fait**: 「너의 목소리가 내게 들린다」.
6) **un appel aux armes**: 죄악과 악령과 투쟁하기 위하여 군대를 부르는 나팔 소리를 가리킨다.
7) **pavois**: 「큰 방패」. 중세기에 개선 장군을 올려놓는 방패임.
8) **m'enlève en de fières alarmes**: 그리스도의 부름으로 마음이 흥분되어 있다. 「자랑스러운 경보로써 나를 황홀하게 한다」.

J'ai l'extase et j'ai la terreur d'être choisi.[1]
Je suis indigne, mais je sais votre clémence.
Ah, quel effort, mais quelle ardeur ! Et me voici

Plein d'une humble prière, encor qu'un trouble immense
Brouille l'espoir[2] que votre voix me révéla,
Et j'aspire en tremblant...

IX

— Pauvre âme, c'est cela[3] !

Sagesse

LE CIEL EST, PAR-DESSUS LE TOIT[4]...

Le ciel[5] est, par-dessus le toit
Si bleu, si calme !
Un arbre, par-dessus le toit,
Berce sa palme.[6]

---

1) **d'être choisi :** 그는 선택을 받고서, 자기가 부당하다는 생각으로 공포심도 생기지만 반대로 신의 자비심에 의탁하면서 안심하고 있다. 이 대조적인 심정은 이 시의 마지막 귀절까지 계속된다.

2) **Brouille l'espoir :** 「희망을 불확실하게 하다」.

3) **c'est cela :** 「그렇다」는 말은 그리스도의 대답이다. 그리스도와 일치하기 위해서는 바로 겸손함, 자기가 부당하다고 생각하는 마음가짐, 회개하면서 흘리는 눈물, 기도, 이런 태도가 필요하다고 그리스도는 대답한다.

4) Verlaine는 1873년에 Arthur Rimbaud와 함께 벨쥽에 여행을 했다. 둘이서 언쟁을 하다가 Verlaine는 Rimbaud에게 권총을 두 발 쏘아 그의 손목에 부상을 입혔다. 그래서 그는 2년간 형무소 생활을 하게 되었다. 그가 이 유명한 시를 쓴 것은 벨쥽 몽스 형무소에서였으며 그후 1881년 *Sagesse* 시집에 발표했다. 그는 이 사건 이후 가톨릭교로 입교하여 자기의 과거를 참회하면서 이 시를 썼다.

5) **ciel :** 여기서 「하늘」은 자유를 상징함.

6) **Berce sa palme :** 「잔 나무가지를 흔들고 있다」.

La cloche, dans le ciel qu'on voit,[1]
Doucement tinte.
Un oiseau sur l'arbre qu'on voit
Chante sa plainte.

Mon Dieu, mon Dieu, la vie est là,
Simple et tranquille.[2]
Cette paisible rumeur-là
Vient de la ville !

— Qu'as-tu fait, ô toi que voilà
Pleurant sans cesse,
Dis, qu'as-tu fait, toi que voilà,[3]
De ta jeunesse ?

Sagesse

1) **le ciel qu'on voit :** le ciel qui se voit [de loin]의 뜻임.
2) **Simple et tranquille :** la vie와 동격으로서 수식하고 있다. 조용하므로 시인에게 과거의 자기 과오를 더욱 절실히 반성하게 된다.
3) **toi que voilà :** 호격(呼格)으로서 시인은 자신에게 말하고 있다. (끊임없이 울면서) 「거기 서 있는 너」.

STÉPHANE MALLARMÉ

(1842 — 1898)

BRISE MARINE[1]

La chair est triste, hélas! et j'ai lu tous les livres.[2]
Fuir! là-bas fuir![3] Je sens que des oiseaux sont ivres
D'être parmi l'écume inconnue[4] et les cieux!
Rien, ni les vieux jardins reflétés par les yeux
Ne retiendra[5] ce cœur qui dans la mer se trempe[6]
O nuits![7] ni la clarté déserte[8] de ma lampe
Sur le vide papier que la blancheur défend[9]
Et ni la jeune femme allaitant son enfant.
Je partirai! Steamer[10] balançant ta mâture,
Lève l'ancre pour une exotique nature!

---

1) 이 시는 1866년에 *Le parnasse Contemporain* 에 발표된 것으로, Mallarmé가 아직 고답파 시인으로 남아있을 때의 작품이다. 말라르메의 작품 중에서 가장 Baudelaire적인 작품이다. 시인은 평범한 일상 생활에 혐오를 느끼며, 예술에 집념하려는 향수에 사로잡혔다. 그는 고답파 미학에 충실하면서 감각적이고 상징적인 이미지를 명상의 세계로 바꾸었다. 작품은 생략이 많고 간결하며 내용을 암시한 부분이 많다.
2) **j'ai lu tous les livres:** 시인은 육체적인 쾌락과 정신적인 기쁨에도 싫증이 생겼다.
3) **Fuir! là-bas fuir!:** 부정법 (infinitif)이 동사적으로 사용되며 독립절을 이룰 때는 의문, 감탄, 명령, 서술의 역할을 한다. 여기서는 감탄과 명령의 역할을 하고 있다. 「도망을 가자! 저리로 도망을 가자!」.
4) **l'écume inconnue:** 「(항상 새로운) 미지의 바다」.
5) **Ne retiendra:** retiendra의 주어는 rien이므로 rien에 일치한다. 전 행의 ni les vieux jardins과 다음 행의 ni la clarté와 셋째번 행의 ni la jeune femme는 모두 rien의 동격으로 설명하고 있다.
6) **qui dans la mer se trempe:** qui se trempe dans la mer임.
7) **O nuits!:** 詩를 쓰던 밤을 가리킴.
8) **déserte:** 시인은 아무리 시를 쓰려고 노력해도 시상이 떠오르지 않아 실망하여, 진저리가 나는 책과 램프불을 떠났기 때문에 「쓸쓸하다」.
9) **la blancheur défend:** 종이의 「하얀색이 막아주는」.
10) **Steamer:** 呼格이며 汽船을 말한다.

Un Ennui, désolé par les cruels espoirs,[1)]
Croit encore à l'adieu suprême des mouchoirs !
Et, peut-être, les mâts, invitant les orages,
Sont-ils de ceux qu'un vent penche sur les naufrages
Perdus,[2)] sans mâts, sans mâts, ni fertiles îlots....
Mais, ô mon cœur, entends le chant des matelots !

Poésies, Librairie Gallimard.

L'AZUR[3)]

De l'éternel azur[4)] la sereine ironie
Accable, belle indolemment[5)] comme les fleurs,
Le poète impuissant qui maudit son génie
A travers un désert stérile de Douleurs.

Fuyant, les yeux fermés,[6)] je le sens qui regarde[7)]
Avec l'intensité d'un remords atterrant,
Mon âme vide. Où fuir ? Et quelle nuit hagarde
Jeter, lambeaux,[8)] jeter sur ce mépris navrant ?

---

1) **les cruels espoirs :** 이룩하지 못한 「잔인한 희망」.
2) **un vent penche sur les naufrages perdus :** 「바람이 조난당한 파선 위로 불어온다」.
3) 이 시는 *Le Parnasse Contemporain*에 발표한 작품으로, 고답파적인 경향을 띠고 있지만 Edgar Alain Poe의 영향을 받은 후라 다른 고답파 시와는 차이가 많다. 창공 너머 있는 절대신을 명상하면서 인간의 무력함, 인생의 혐오감과 우울증 등을 소재로 삼았다. 창공이 마치 자기를 경멸하고 야유하는 것 같은 이러한 관념에서 벗어나려고 갖은 노력을 다 한다.
4) **De l'éternel azur :** la seraine ironie de l'éternel azur의 도치임.
5) **Accable, belle indolemment :** accable의 주어는 la sereine ironie이고 직접 목적보어는 poète이다. belle indolemment은 ironie의 동격으로서 수식하고 있다. 「태연하게 아름다운」.
6) **Fuyant, les yeux fermés :** fuyant은 현재분사로서 je에 걸리며 les yeux fermés도 양태보어로서 je에 걸린다. 「눈을 감고 도피하여도」.
7) **je le sens qui regarde :** le는 l'éternel Azur이며 regarde의 직접목적은 세째 행의 mon âme vide이다. qui 이하 관계대명사절은 le를 수식한다.
8) **Jeter, lambeaux :** 시인은 창공이 경멸하는 것 같이 내려다보고 있는 것으로 생각하고 있으므로, 경멸한다고 생각되는 그 관념을 찢어서 던지고 싶다. nuit hagard 〈캄캄한 밤〉은 어두워서 하늘이 보이지 않는다.

Brouillards, montez ! versez vos cendres monotones
Avec de longs haillons de brume dans les cieux
Qui noiera le marais livide des automnes[1)]
Et bâtissez un grand plafond silencieux !

Et toi, sors des étangs léthéens[2)] et ramasse
En t'en venant[3)] la vase et les pâles roseaux,
Cher Ennui, pour boucher d'une main jamais lasse
Les grands trous bleus[4)] que font méchamment les oiseaux.

Encor ! que[5)] sans répit[6)] les tristes cheminées
Fument, et que de suie une errante prison[7)]
Éteigne dans l'horreur de ses noires traînées[8)]
Le soleil se mourant jaunâtre à l'horizon !

—Le Ciel[9)] est mort.—Vers toi, j'accours ! donne, ô matière,
L'oubli de l'Idéal cruel et du Péché[10)]

---

1) **noiera le marais livide des automnes**: 맑은 가을 하늘이기 때문에 「가을의 창백한 늪을 담구는」.

2) **des étangs léthéens**: 레테강의 늪. 레테강은 희랍신화에 나오는 5대 강 중에 하나로서 이 강물을 마시면 세상 일을 망각하는 망각의 물이 흐른다. 앞에 toi는 둘째 행의 Cher Ennui를 말하는 호격이고 sors와 ramasse는 명령형이다.

3) **En t'en venant**: 옛 사투리로서 「오면서」.

4) **Les grands trous bleus**: 하늘에 마치 새들이 심술궂게 뚫은 것같은 파란 구멍이란, 안개낀 하늘이 잠시 개임을 의미한다.

5) **que**: 독립 접속사절을 인도하며 명령을 나타낸다.

6) **sans répit**: 「끊임 없이」.

7) **de suie une errante prison**: une errante prison de suie 임. 공중에 꽉 찬 연기는 마치 태양을 덮어 감춘 것 같이 생각된다. 「공중으로 올라가는 연기」.

8) **Éteigne dans l'horreur de ses noires traînées**: éteigne의 직접목적은 le soleil 임. dans은 상태를 나타낸다. 「흉칙하게 까맣게 뻗는 자국으로써 태양을 흐리게 해라」.

9) **Le Ciel**: ciel이 대문자이므로 하느님을 가리킨다. 여기서는 「하느님이 죽었을까」 정도의 자문자답을 하는 대목이다.

10) **l'oubli de l'Idéal cruel et du Péché**: l'oubli는 donne의 직접목적보어이다. 「망각하게 해다오. 망각을 다오」. Idéal cruel은 천국에 올라가고 싶은 「이룩할 수 없는 이상」. Péché는 역시 대문자인 바 원죄를 의미하고 있다.

A ce martyr qui vient partager la litière[1]
Où le bétail heureux des hommes[2] est couché,

Car j'y veux, puisque enfin ma cervelle vidée,
Comme le pot de fard[3] gisant au pied d'un mur,
N'a plus l'art d'attifer[4] la sanglotante idée,
Lugubrement bâiller[5] vers un trépas obscur....

En vain ! l'Azur tr:omphe. et je l'entends qui chante
Dans les cloches.[6] Mon âme, il se fait voix[7] pour plus
Nous faire peur avec sa victoire méchante,
Et du métal vivant sort en bleus angélus ![8]

Il roule par la brume, ancien,[9] et traverse
Ta native agonie[10] anisi qu'un glaive sûr ;
Où fuir dans la révolte inutile et perverse ?
Je suis hanté. L'Azur ! l'Azur ! l'Azur ! l'Azur!

Poésies

---

1) **partager la litière:** 이룩할 수 없는 이상이라고 창공이 자기를 야유하는 것으로 생각되어, 시인은 희망도 없이 단조로운 일상생활에 빠지는 것을 반대하고 있다 「평범한 생활(잠자리)을 나누는 이 고통받는 사람에게」.
2) **le bétail heureux des hommes:** 「행복한 비천한 인간」.
3) **Comme le pot de fard:** 시인은 시를 쓸 때 사상과 감정을 윤색(潤色)하는 것을 마치 화장술과 같이 생각하고 있다. 「분각처럼」.
4) **N' a plus l'art d'attifer:** n'a plus의 주어는 ma cervelle이다. 「꾸밀 재간이 없다」.
5) **bâiller:** 첫 행의 J'y veux에 연결된다.
6) **Je l'entends qui chante dans les cloches:** qui 이하는 l 의 le(l'Azur)를 수식한다. 시인은 승리한 창공이 종소리 속에서 노래하는 소리로 생각하고 있다.
7) **Mon âme, il se fait voix:** Mon âme는 돈호법(頓呼法)이며 il은 l'Azur를 받는다. 「내 영혼이여, 창공은 소리를 들려오게 한다」.
8) **du métal vivant sort en bleus angélus:** il sort du métal en bleus angélus의 도치형임. 「창공은 금속 종에서 겁에 질린 만종소리를 낸다」.
9) **ancien:** 주어 il (l'Azur)을 수식하고 있다. 창공은 태고 때부터 계속 내려 왔고 영원함과 무한의 관념을 이루고 있다.
10) **Ta native agonie:** ta는 Mon âme에 말하는 소유형용사다. 우리의 영혼은 죽음을 생각하고 있고 태어날 때부터 죽음에 대한 실망을 버리지 못하고 있다.

LE TOMBEAU D'EDGAR POE[1]

Tel qu'en Lui-même enfin l'éternité le change,[2]
Le Poète suscite avec un glaive nu[3]
Son siècle épouvanté de n'avoir pas connu[4]
Que la mort triomphait[5] dans cette voix étrange !

Eux,[6] comme un vil sursaut d'hydre[7] oyant jadis l'ange
Donner un sens plus pur aux mots de la tribu[8]
Proclamèrent très haut le sortilège bu
Dans le flot sans honneur de quelque noir mélange.[9]

Du sol et de la nue hostiles,[10] ô grief !
Si notre idée avec ne sculpte un bas-relief
Dont la tombe de Poe éblouissante s'orne

---

1) Mallarmé는 Baudelaire와 더불어 미국 시인인 E. A. Poe의 많은 영향을 받았다. 이 세 시인은 Valéry와 더불어 근대 순수시인 (la poésie pure)인 바 모두 E. A. Poe의 많은 영향을 받았다. Mallarmé는 1838년 Poe의 詩를 佛譯하여 발표하면서, Poe에게 바치는 두 쏘넷트도 발표했다. 그 중 하나가 이 시다.

2) **le change:** 시인에게 지상(地上)의 굴욕감을 덜어주게 하는 죽음은 진정한 自我를 발견하게 한다.

3) **suscite avec un glaive nu:** suscite는 원래 〈일으킨다〉의 뜻을 가지고 있으나 〈깨운다〉의 뜻임. glaive nu는 「뽑은 칼」이나 「사상의 번뜩임」을 암시하고 있다.

4) **connu:** reconnu의 뜻임.

5) **la mort triomphait:** 「그의 목소리는 죽음의 승리를 선포했다」.

6) **Eux:** le public을 가리킴.

7) **hydre:** 수 천의 머리를 가진 군중을 상징함.

8) **aux mots de la tribu:** 예언자(천사)가 비속한 현실에서 벗어나 새로운 뜻을 부여하기 위하여 종족이 사용하던 저속한 뜻을 가진 말을, 다른 뜻으로 사용하는 말을 듣고서 군중이 옛날에 분개한 일이 있다.

9) **quelque noir mélange:** E.A. Poe가 폭음하던 칵테일한 주류(酒類). noir는 죄악과 악마를 암시하는 색깔이다. Poe의 반대파들은 Poe의 시는 착각을 일으킨 영감에 의하여 쓰여졌다고 주장하고 있다.

10) **Du sol et de la une hostiles:** 「적의(敵意)를 품은 땅과 하늘이 무덤을 장식하는 데 반대한다면」의 뜻임.

Calme bloc[1] ici-bas chu d'un désastre obscur[2]
Que ce granit du moins montre à jamais sa borne[3]
Aux noirs vols du Blasphème épars dans le futur.

Poésies, Librairie Gallimard.

LES FENÊTRES[4]

Las du triste hôpital,[5] et de l'encens fétide
Qui monte en la blancheur banale des rideaux[6]
Vers le grand crucifix ennuyé du mur vide,
Le moribond sournois y redresse un vieux dos,

Se traîne et va,[7] moins pour chauffer sa pourriture
Que[8] pour voir du soleil sur les pierres, coller
Les poils blancs et les os de la maigre figure
Aux fenêtres qu'un beau rayon clair veut hâler,

---

1) **Calme bloc:** 무덤은 마치 말없이 서있는 바위처럼 보인다.
2) **un désastre obscur:** 하늘에서 떨어진 별똥별, 즉 다른 별들로부터 버림받은 불우한 별. 여기서는 행운으로부터 버림받은 「불우한 재난」.
3) **montre à jamais sa borne:** 대지를 경계짓는 것은 가끔 화강암이다. Mallarmé는 이 시행에서 Poe가 죽고 없는 지금에야, 그를 중상모략하는 행위는 다시 반복되지 않기를 바라고 있다. 그러므로 그의 무덤은 중상모략의 경계선이다. 이 시행 앞에 que는 기원을 나타내는 독립접속절의 que임에 주의 바람.
4) 이 시는 Mallarmé의 초기 작품으로 1887년에 *Poésies Complètes*에 수록했다. L'Azur와 같은 계열의 작품이다. 오랫동안 병상에서 신음하는 환자가 인생에 대한 혐오감에 사로잡혀 침대를 벗어나 창문에 기대어 명상에 사로잡힌다. 그는 현실을 도피하여 영원한 삶을 찾아 창공으로 달아나고 싶다는 내용의 감상적인 시다.
5) **Las du triste hôpital:** Las는 et de l'encens까지 걸리며 넷째 행의 Le moribond에 걸린다. 「침울한 병원생활과 역겨운 향기에 지쳐서」.
6) **en la blancheur banale des rideaux:** banal은 언제나 한결같다는 뜻임. 「언제나 항상 하얀 병원의 커어튼 사이로」.
7) **va:** 다음 행의 coller와 함께 근접미래 (futur proche)를 이룬다.
8) **moins pour chauffer sa pourriture que:** pourriture는 「썩어가는 몸」이란 뜻임. moins pour A que pour B는 〈A보다 B하기 위하여〉의 뜻임.

Et la bouche, fiévreuse et d'azur bleu vorace,[1]
Telle,[2], jeune, elle[3] alla respirer son trésor,
Une peau virginale et de jadis! encrasse
D'un long baiser amer[4] les tièdes carreaux d'or.

Ivre, il vit,[5] oubliant l'horreur des saintes huiles,[6]
Les tisanes, l'horloge et le lit infligé,[7]
La toux; et quand le soir saigne parmi les tuiles,
Son œil, à l'horizon de lumière gorgé[8]

Voit[9] des galères d'or, belles comme des cygnes,
Sur un fleuve de pourpre et de parfums[10] dormir[11]
En berçant[12] l'éclair fauve et riche de leurs lignes
Dans un grand nonchaloir chargé de souvenir!

Ainsi, pris du dégoût de l'homme à l'âme dure
Vautré dans le bonheur,[13] où ses seuls appétits

---

1) **d'azur bleu vorace:** vorace d'azur bleu(창공을 탐식하는)는 fiévreuse와 함께 la bouche를 수식함.

2) **Telle:** 다음 행 une peau...에 연결됨.

3) **elle:** 전 행 la bouche와 동격임.

4) **D'un long baiser amer:** 「오랫동안 쓰라린 키스를 함으로써」.

5) **il vit:** il은 le moribond임. vit는 vivre의 passé simple임.

6) **l'horreur des saintes huiles:** 임종할 때 병자성사(病者聖事)를 받으면서 바르는 「무서운 성유(聖油)」. les tisanes, l'horloge, le lit, la toux와 함께 oubliant의 직접목적보어.

7) **le lit infligé:** 「면치 못할 침대」.

8) **à l'horizon de lumière gorgé:** à l'horizon gorgé de lumière 「광선으로 가득찬 지평선에서」의 도치.

9) **Voit:** 주어는 전 행의 Son œil.

10) **un fleuve de pourpre et de parfums:** un fleuve coloré de pourpre et plein de parfums의 뜻임.

11) **dormir:** 지각동사 voit 다음에 오는 부정법(infinitif)으로서 dormir의 주어 역할은 des galères d'or이 함. Son œil voit des galères d'or dormir sur un fleuve임.

12) **En berçant:** gérontif로서 실제적인 주어는 des galères d'or임. 이 시행 마지막의 leurs lignes의 leurs도 역시 des galères d'or를 받는다.

13) **l'homme à l'âme dure vautré dans le bonheur:** à l'âme는 명사 한정어로서 une tasse à café와 같은 역할을 한다. vautré는 부가수식어임. 「행복에 탐닉하는 무정한 사람」.

Mangent, et qui[1] s'entête à chercher cette ordure[2]
Pour l'offrir à la femme allaitant ses petits,

Je[3] fuis et je m'accroche à toutes les croisées
D'où l'on tourne l'épaule à la vie[4] et, béni,[5]
Dans leur verre, lavé d'éternelles rosées,[6]
Que dore le matin chaste de l'Infini

Je me mire et me vois Ange! et je meurs, et j'aime[7]
— Que[8] la vitre soit l'art, soit la mysticité —
A renaître, portant mon rêve en diadème,
Au ciel antérieur où fleurit la Beauté ![9]

Mais, hélas ! Ici-bas est maître :[10] sa hantise[11]
Vient m'écceurer parfois jusqu'en cet abri sûr,[12]
Et le vomissement impur de la Bêtise[13]
Me force à me boucher le nez[14] devant l'azur.

---

1) **qui:** 선행사는 첫째 행의 l'homme이다.
2) **s'entête à chercher cette ordure:** 더러운 「먹을 것을 찾는 데 몰두하는」.
3) **Je:** Mallarmé 자신을 가리킴.
4) **l'on tourne l'épaule à la vie:** tourner le dos à *qn*(…을 외면하다, …에 등을 돌리다)의 뜻임.
5) **béni:** 다음 절(節)의 첫 행 Je를 수식함.
6) **lavé d'éternelles rosées:** leur verre (창문의 유리)를 수식한다. 「영원한 이슬로 씻겨」.
7) **aime:** 셋째 행의 à renaître에 연결된다.
8) **Que:** 희망을 나타내는 독립 접속사절을 인도하고 있다.
9) **Au ciel antérieur où fleurit la Beauté:** 「미의 여신이 꽃으로 장식한 내가 가기 전의 하늘에」.
10) **Ici-bas est maître:** ici-bas는 항상 내세에 대한 현세다. 그러나 여기서는 우리가 살고 있는 현실의 뜻임. 「현실이 지배하고 있다」.
11) **sa hantise:** 「현실에 대한 집념」.
12) **jusqu'en cet abri sûr:** 「안전한 이곳 은신처에까지」.
13) **de la Bêtise:** 「인간의 더러운 짓에 대한」.
14) **Me force à me boucher le nez:** 「나에게 나의 코를 틀어막게 하다」.

Est-il moyen,[1] ô Moi qui connais l'amertume,
D'enfoncer le cristal par le monstre insulté[2]
Et de m'enfuir, avec mes deux ailes sans plume
— Au risque de tomber[3] pendant l'éternité ?

L'APRÈS-MIDI D'UN FAUNE[4]

...O bords siciliens[5] d'un calme marécage
Qu'à l'envi des soleils[6] ma vanité saccage,
Tacite sous les fleurs d'étincelles,[7] CONTEZ
« *Que je coupais ici les creux roseaux domptés*
« *Par le talent,* [8] *quand, sur l'or glauque de lointaines*
« *Verdures* [9] *dédiant leur vigne* [10] *à des fontaines,*
« *Ondoie une blancheur animale au repos :* [11]
« *Et qu'au prélude lent où naissent les pipeaux* [12]

---

1) **Est-il moyen :** 다음 행의 D'enfoncer 와 세째 행의 de m'enfuir 에 연결됨. il 은 형식상의 주어(문법상의 주어)이며 d'enfoncer 와 de m'enfuir 가 진주어임.

2) **le cristal par le monstre insulté :** le cristal insulté par le monstre 임. 「현실이라는 괴물이 경멸하는 유리창」.

3) **Au risque de tomber :** 「떨어질 위험을 무릅쓰고」.

4) 이 시는 Mallarmé 가 1865년부터 쓰기 시작하여 1876년에 소책자로서 발표한 목가(牧歌)이다. 이 시는 일종의 독백으로서 착상되었으며, 이 시가 완성된 후 *Le Parnasse Contemporain* 의 게재를 교섭받았으나 Mallarmé 가 이를 거부함으로서 고답파가 종막을 고하는 계기가 되었다. 꿈과 환상(幻想) 사이에서 이 시는 두가지 미(美) 앞에서 Faune 의 욕망과 두려움을 표시한 내용이다. 이 시는 그 발췌다.

5) **O bords siciliens :** 감탄사 O 가 있으며 관사가 없으므로 호격이다. 「오! 시칠리아 섬의 연안이여」.

6) **à l'envi des soleils :** en concurence avec les soleils 의 뜻임.

7) **Tacite sous les fleurs d'étincelles :** 이 구는 marécage 를 수식함. 「번쩍이는 햇빛 아래 말이 없는」.

8) ***Je coupais ici les creux roseaux domptes par le talent :*** 갈대로 피리를 만들기 위하여 「나는 여기서 나의 재능으로 길들인 속빈 갈대를 꺾고 있다」.

9) ***sur l'or glauque de lointaines verdures :*** 가을철이 되어서 「노랗게 단풍이 들기 시작하는 청록색 나무가지 위에」.

10) ***dédiant leur vigne :*** 「그들의 포도나무를 제물로 바치는 것 같은」.

11) ***une blancheur animale au repos :*** 「쉬고 있고, 관능적이고 살아있는 하얀색」.

12) ***au prélude lent où naissent les pipeaux :*** 「피리로 부는 느린 서곡에 맞추어」.

« Ce vol de cygnes,[1] *non! de naïades*[2] *se sauve*
« Ou plonge... .»

Inerte,[3] tout brûle dans l'heure fauve[4]
Sans marquer par quel art[5] ensemble détala
Trop d'hymen souhaité de qui cherche le *la*:[6]
Alors m'éveillerai-je à la ferveur première,[7]
Droit et seul, sous un flot antique de lumière,
Lys! et l'un de vous tous pour l'ingénuité.[8]

Autre que ce doux rien par leur lèvre ébruité,[9]
Le baiser,[10] qui tout bas des perfides assure,[11]
Mon-sein, vierge de preuve,[12] atteste une morsure
Mystérieuse, due à quelque auguste dent; [13]
Mais, bast ![14] arcane tel[15] élut pour confident

---

1) ***ce vol de cygnes*:** 여기서 vol은 새나 곤충의 떼를 가리킨다.
2) ***de naïades*:** ce vol de naïades이며, 희랍 신화에 나오는「물의 요정」.
3) **Inerte:** 양태를 나타내는 독립형용사로서 tout를 수식한다.「꼼짝하지 않고서」.
4) **l'heure fauve:** 태양 때문에「황갈색으로 된 시간」.
5) **par quel art:** comment과 같은 뜻임.
6) **Trop d'hymen souhaité de qui cherche le *la*:** 마치 음악이 그치는 것처럼 환상도 사라진다.「*la* 음을 찾는 사람이 원하는 너무나 많은 결혼」.
7) **la ferveur première:**「최초의 정열, 첫 사랑」.
8) **Lys! et l'un de vous tous pour l'ingénuité:** Lys는 돈호법(頓呼法)이며 이 시행은 lys에게 자기도 천진난만한 상태로 되돌아 갈 것을 말하기 위한 것이다.「백합아! 천진난만하기로는 나도 너희들 중에 하나다」.
9) **ce doux rien par leur lèvre ébruité:** ce doux rien ébruité par leur lèvre임.「요정들의 입술이 퍼뜨린 감미로운 그 무엇」.
10) **baiser:** 신용할 수 없는 여자나 요정은 약속을 하기 위해 키스를 사용한다.
11) **qui tout bas des perfides assure:** qui assure tout bas des perfides임. assure는 faire des promesses(약속하다)의 뜻임.「나지막한 목소리로 배신을 약속하는 키스와는 달리」.
12) **vierge de preuve:**「진정으로 순결한」.
13) **une morsure mystérieuse, due à quelque auguste dent:** 나의 마음은 아무런 사랑의 표시를 받지 못했으나 신비로운 神의 마력(魔力)으로 흥분되고 있으므로,「어떤 고귀한 이로 물어 생긴 상처임을」증명한다.
14) **bast!:** 경멸을 나타내는 감탄사로서「상관 없어! 좋아!」의 뜻임.
15) **arcane tel:** 신비로운 비밀을 피리를 불어서 알아낼 수 있는「그러한 연금술의 비결은」.

Le jonc vaste et jumeau dont sous l'azur on joue :[1]
Qui,[2] détournant à soi le trouble de la joue,[3]
Rêve, dans un solo long, que nous amusions
La beauté d'alentour par des confusions
Fausses[4] entre elle-même et notre chant crédule ;[5]
Et de faire[6] aussi haut que l'amour se module[7]
Évanouir du songe ordinaire de dos
Ou de flanc pur suivis avec mes regards clos,[8]
Une sonore, vaine et monotone ligne.[9]

Tâche donc, instrument des fuites,[10] ô maligne
Syrinx,[11] de refleurir aux lacs où tu m'attends ![12]
Moi, de ma rumeur fier,[13] je vais parler longtemps
Des déesses ; et par d'idolâtres peintures,[14]

---

1) **élut pour confidente le jonc vast et jumeau dont sous l'azur on joue :** 「속의 이야기를 할 수 있는 사람으로 창공 밑에서 피리 불, 큼직한 쌍둥이 갈대를 택했던 것이었다」.

2) **Qui :** 관계대명사로 선행사는 le jonc 임.

3) **détournant à soi le trouble de la joue :** 피리를 불면서 갈대가 동요되는 것을 la trouble de la joue 로 표시함. à toi 는 vers toi 임.

4) **par des confusions fausses :** 「잘못 혼돈하여」.

5) **entre elle-même et notre chant crédule :** 갈대의 피리 소리가 현실과 꿈을 혼동시키는 환상(幻想)을 일으키고 있다고 시인은 생각하고 있다. 「美 自體와 우리들의 순진한 노래 사이에」.

6) **Et de faire ... :** 동사적으로 사용된 서술체의 부정법이다. Il approche, et les oiseaux de s'envoler 「그가 가까이가자 새들은 날아갔다」. 여기서 주어는 Le jonc 이고, 사역동사 faire 는 다음 행의 évanouir 에 연결됨.

7) **aussi haut que l'amour se module :** si haute que l'expression amoureuse de la musique 「피리 소리의 사랑의 표현이 아무리 높다하여도」의 뜻임.

8) **du songe ordinaire de dos ou de flanc pur suivis avec mes regards clos :** 목신은 눈을 감고서 자기자신을 성찰하면서 요정의 환상에서 벗어나게 된다. 「나의 감은 눈으로 지켜보는 등과 순결한 옆구리의 평범한 꿈에서」.

9) **ligne :** évanouir 의 주어의 역할을 함.

10) **instruments des fruites :** 다음 행의 Syrinx 와 동격으로서, 남의 눈에 보이지 않는 「일시적인 미를 노래하는 악기」.

11) **Syrinx :** 옛날 목동이 불던 것으로 여러개의 음관(音管)이 있는 「목신의 피리」.

12) **tu m'attends :** 다른 환상을 주기 위하여 「네가 나를 기다릴」.

13) **de ma rumeur fier :** fier de ma rumeur 로서 je 에 걸리는 양태속사(樣態屬詞) 형용사구임. ma rumeur 는 「내가 듣는 음악 소리」.

14) **par d'idolâtres peintures :** 시인이 「연모하여서 마음 속에 그린 그림마다」.

A leur ombre enlever encore des ceintures :[1]
Ainsi, quand des raisins j'ai sucé la clarté,[2]
Pour bannir un regret par ma feinte écarté,[3]
Rieur,[4] j'élève au ciel d'été la grappe vide
Et, soufflant dans ses peaux lumineuses,[5] avide
D'ivresse, jusqu'au soir je regarde au travers.[6]

Autres Poèmes

---

1) **A leur ombre enlever encore des ceintures:** je vais enlever encore des ceintures à leur ombre 임. enlever *qc* à *qn* 는 「…에게 …을 빼앗아가다 (벗기다). 요정들과 정교(情交)를 맺기 위하여 「여신들, 요정들의 반영(反影)에서 허리띠를 벗기리라」.
2) **quand des raisins j'ai sucé la clarté:** quand j'ai sucé la clarté des raisins 의 도치. 「내가 포도알들의 광명을 빨아먹을 때」.
3) **un regret par ma feinte écarté :** un regret écarté par ma feinte 의 도치. ma feinte 는 art du poète(시인의 기교)임. 「나의 기교로 사이가 벌어진 미련(未練)」.
4) **Rieur :** je 와 동격 속사로서 「웃으면서, 나는… 혹은 웃고 있는 나는…」.
5) **soufflant dans ses peaux lumineuses** :「빛나는 포도껍질 속에 바람을 불어 넣으면서」.
6) **je regarde au travers** :「나는 그 속을 꿰뚫어 보다」.

ARTHUR RIMBAUD

(1854 — 1891)

VOYELLE[1]

A noir, E blanc, I rouge, U vert, O bleu : voyelles,
Je dirai quelque jour vos naissances latentes :[2]
A, noir corset velu des mouches éclatantes
Qui bombillent[3] autour des puanteurs cruelles,

Golfes d'ombre ;[4] E, candeur des vapeurs et des tentes,[5]
Lance des glaciers fiers,[6] rois blancs, frissons d'ombelles ;
I, pourpres, sang craché, rire des lèvres belles
Dans la colère ou les ivresses pénitentes ;

U, cycles, vibrements divins des mers virides,[7]
Paix des pâtis semés d'animaux, [8]paix des rides
Que l'alchimie imprime aux grands fronts studieux ;

---

1) 이 시는 천재 시인 Rimbaud가 17세때인1871년에 쓴 시다. 이 시는 쏘네트(14행시) 형식으로, 형태, 색채, 음(音)을 기묘하게 설명하고 있다. 이 시는 시인의 내면적 체험과 환상을 표현한 시다. 이 시는 특히 청각을 시각화(視角化) 하라는 점을 역설한 것으로 상징주의 시인들의 주목을 끌게 하였다.

2) **vos naissances latentes:** 보이지 않고 신비하게 「잠재해 있는 근원(根源)」.

3) **bombillent:** 어떤 텍스트에는 bombinent로 되어 있다. 시인이 고안한 단어로서 bourdonnent (윙윙거리다)의 뜻임.

4) **Golfes d'ombre:** 「어두운 만(灣)」. 「막의 흰색.」

5) **candeur des vapeurs et des tentes:** candeur는 blancheur(흰색)의 뜻임. 「안개와 천

6) **Lance des glaciers fiers:** candeur, rois, frissons과 함께 모두 E의 동격 속사임. 「거만한 거울 장수의 창(槍)」.

7) **vibrements divins des mers virides:** 「푸른 바다의 성스러운 출렁임」. vibrement은 Rimbaud의 독특한 표현임.

8) **des pâtis semés d'animaux:** 「짐승들이 군데군데 흩어져있는 방목장(放牧場)」.

O, suprême Clairon[1] plein des strideurs[2] étranges,
Silences traversés des Mondes et des Anges :
— O l'Oméga,[3] rayon violet de Ses Yeux !

Poésies

MA BOHÈME[4]

(fantaisie)

Je m'en allais, les poings dans mes poches crevées ;
Mon paletot[5] aussi devenait idéal ;[6]
J'allais sous le ciel, Muse! et j'étais ton féal ;[7]
Oh ! là là ![8] que d'amours splendides j'ai rêvées !

Mon unique culotte avait un large trou.
- Petit-Poucet[9] rêveur, j'égrenais dans ma course

---

1) **suprême Clairon :** Clairon 이 대문자이므로 여기서는 천사들이 부는 「천상의 나팔 소리」를 가리킴.

2) **des strideurs :** 역시 시인이 꾸며낸 단어로서 bruits strident (날카로운 소리)의 뜻임.

3) **l'Oméga :** Oméga 는 인명이나 모음이 중복되므로 정관사를 삽입한 것임. Verlaine 의 친구 Ernest Delahaye 의 말에 의하면 Rimbaud 는 애인이 있었으며 그의 이름이 Oméga 라고 함.

4) 이 시도 Rimbaud 가 16세 때부터 20세까지 청년기에 실제적으로 체험한 것을 생생하게 묘사한 작품이다. 그는 천재적인 시인이었지만 천성적으로 고칠 수 없는 방랑생활을 계속했다. 자기를 속박하는 법률과 모든 환경을 벗어나서 전국 각지를 누비면서 여러가지 직업을 가리지 않고 택하면서 생활했다. 그는 구멍 난 바지를 입고 찢어진 구두를 신고서, 世俗的인 모든 것을 초월하고 詩作하는 데만 열중하면서 황홀하게 살아간다는 내용임.

5) **paletot :** 두꺼운 천으로 된 남자용 「짧은 외투」.

6) **devenait idéal :** 외투가 너무 낡고 닳아서 두꺼운 천이 얇아졌으며 실제적인 천의 재질을 잃었다. 「닳아서 이상적이 되다」.

7) **féal :** 중세기에 사용하던 말로서 fidèle 이란 뜻임. 「충실한 길동무」.

8) **Oh là là :** 현실에 환멸을 느끼고 방랑생활을 택한 동기와 이상적인 고상한 생활을 갈구하는 욕구 사이에 생기는 대조로서, 시인 자신을 비웃고 있다. 「오 ! 집어치우자 ! 오 ! 라 ! 라 ! 」.

9) **Petit·Poucet :** Perrault 의 단편소설에 나오는 인물로서 그는 숲 속에서 길을 잃었기 때문에 자기가 돌아올 때 그 길을 알기 위하여 흰 조약돌을 길바닥에 뿌려 놓았다. 그와 마찬가지로 Rimbaud 는 길에 詩를 뿌려놓는다. rimes 가 복수일 때는 詩를 의미함. 「어린 Poucet 처럼 몽상가인 나는…」.

Des rimes. Mon auberge était à la Grande-Ourse.[1]
— Mes étoiles au ciel avaient un doux frou-frou[2]

Et je les écoutais,[3] assis au bord des routes,
Ces bons soirs de septembre où je sentais des gouttes
De rosée à mon front, comme un vin de vigueur ; [4]

Où, rimant au milieu des ombres fantastiques,
Comme des lyres,[5] je tirais les élastiques
De mes souliers blessés, un pied près de mon cœur ! [6]

Poésies

LE DORMEUR DU VAL[7]

C'est un trou de verdure où chante une rivière[8]
Accrochant follement aux herbes des haillons[9]

---

1) **à la Grande-Ourse :** 숙소를 환상적으로 표시했다. à la belle étoile (노천에)의 뜻임. 「대웅성좌(大熊星座)가 비치는 노천」.

2) **un doux frou-frou :** 하늘의 대웅성좌를 보면서, 시인은 그 성좌가 펄럭거리는 아름다운 옷을 입은 여인과 같다고 생각한다. frou-frou 는 의성어로서 비단옷이 펄럭이는 소리를 나타낸다. 「부드럽게 펄럭펄럭 소리를 내다, 다정하게 소근거린다」.

3) **les écoutais :** les 는 les étoiles 를 받는다. 「별들의 속삭임을 들었다」.

4) **un vin de vigueur :** 피곤에 지친 방랑자에게 생기와 힘을 주는 활력주(活力酒).

5) **des lyres :** les élastiques(고무끈, 구두의 끈)과 대조적인 말이며, 다음 시행에 un pied 와 mon cœur 도 역시 대조적인 말이다. 이 단어들은 시 전체에서 암시하고 있는 시상인 비굴한 방랑생활과 이상과의 대조를 나타내는데 적합한 말이다.

6) **un pied près de mon cœur :** 「한 발을 가슴에 대고서」.

7) 이 시는 Rimbaud 가 1870년 11월에 써서 le Progrès des Ardennes지에 발표했다. 이시는 Rimbaud 가 방랑생활 때 벨쥼에서 프랑스로 돌아오는 도중 Charleroi 에서의 광경을 묘사했다. 당시 이 지방에서 보불전쟁(普佛戰爭)이 발발하고 있었는 바 그 광경과 인상을 묘사한 시다.

8) **où chante une rivière :** où une rivière chante 로서 셋째 행의 fière 와 운을 맞추기 위해서 도치한 것임.

9) **des haillons :** 햇빛을 받아 하얗게 보이는 「물거품의 소용돌이」. accrocher *qc* à *qc*「…에 …을 걸다.」 accrocher son chapeau à un clou 「모자를 못에 걸다」.

D'argent, où le soleil, de la montagne fière,[1]
Luit; c'est un petit val qui mousse de rayons.[2]

Un soldat jeune, bouche ouverte, tête nue,
Et la nuque baignant dans le frais cresson bleu,[3]
Dort: il est étendu dans l'herbe, sous la nue,
Pâle[4] dans son lit vert où la lumière pleut.

Les pieds dans les glaïeuls, il dort. Souriant comme
Sourirait un enfant malade,[5] il fait un somme.[6]
Nature, berce-le chaudement: il a froid![7]

Les parfums ne font pas frissonner sa narine;
Il dort dans le soleil la main sur sa poitrine,
Tranquille.[8] Il a deux trous rouges au côté droit.

Poésies

---

1) **de la montagne fière:** 다음 행 luit 다음으로 가야함. 「오만하게 우뚝 솟은 산으로부터」.
2) **qui mousse de rayons:** 녹음(綠陰) 사이로 비치는 광선은 수면에 반사되어 금빛 물거품을 일게하는 것 같이 보인다. 「광선으로 물거품이 일 듯 번쩍이는」.
3) **le frais cresson bleu:** 「짙은 녹색의 서늘한 물냉이」.
4) **Pâle:** 전행 il을 수식하는 주어의 동격속사임.
5) **Souriant comme sourirait un enfant malade:** Souriant comme un enfant malade sourirait의 도치.
6) **fait un somme:** 「한잠 자고 있다」.
7) **il a froid:** avoir froid는 「추위를 느끼다, …가 춥다」. 「그는 춥겠지」. 그러므로 자연에게 따뜻하게 그를 흔들어 주라고 명령함.
8) **Tranquille:** 주어와 동격속사로서 전행 il을 수식한다.

LE BATEAU IVRE[1]

Comme je descendais des Fleuves impassibles,[2]
Je ne me sentis plus guidé par les haleurs :
Des Peaux-Rouges criards[3] les avaient pris pour cibles,[4]
Les ayant cloués nus aux poteaux de couleurs.

J'étais insoucieux de tous les équipages,
Porteur[5] de blés flamands ou de cotons anglais.
Quand avec mes haleurs ont fini ces tapages,
Les Fleuves m'ont laissé descendre où je voulais.

Dans les clapotements furieux des marées,
Moi, l'autre hiver, plus sourd que les cerveaux d'enfants,[6]
Je courus! et les Péninsules démarrées[7]
N'ont pas subi tohu-bohus plus triomphants.

---

1) 이 시는 Rimbaud가 17세 때인 1871년 8월 말에 쓴 작품이다. 이 시는 그의 특이한 재능이 가장 잘 드러난 작품으로서 그의 詩 중에서 가장 중요하다. 이 시가 상징주의시와 근대시에 많은 영향을 끼쳤다. Rimbaud는 당시 사회를 지배하던 자본주의 사회와 자기를 속박하는 모든 자기 환경을 증오하면서 방랑생활을 하면서 자유를 누렸다. 그는 현실을 도피하여 방랑생활의 모습을 항해사도 키도 없이 강을 따라 정처없이 떠내려가는 배에 비유했다. 그는 방랑생활을 하면서 고독과 피곤에 지쳤으나 〈환경의 노예가 되기보다는 차라리 죽음을 택하겠다 !〉라고 외쳤다.

2) **Comme je descendais des Fleuves impassibles :** Comme는 「마침 …할(일) 때」의 뜻임. je는 bateau이며 〈배〉가 자기 모험담을 이야기하고 있다. des Fleuves impassibles는 미국의 「조용한 강들」.

3) **Des Peaux-Rouges criards :** 홍인종의 북미 인디안족. 「시끄러운 인디안들」.

4) **les avaient pris pour cibles :** les는 les haleurs(항해사)임. Prendre *qn* pour cible (…를 공격하다).

5) **Porteur :** 주어 동격속사로서 전행의 je를 수식한다.

6) **plus sourd que les cerveaux d'enfants :** 작년 겨울에 배의 생활은 조용하였으므로 아이들의 생활보다도 더 평탄하여 아무런 사건도 추억거리도 없었다.

7) **les Péninsules démarrés :** 옛날에는 육지에 붙었으나 지질학상의 변화로 육지에서 떨어져 나간 군도.

La tempête a béni mes éveils maritimes.[1]
Plus léger qu'un bouchon j'ai dansé sur les flots
Qu'on appelle rouleurs éternels de victimes,[2]
Dix nuits, sans regretter l'œil niais des falots...[3]

Je sais les cieux crevant en éclairs, et les trombes
Et les ressacs[4] et les courants : je sais le soir,
L'Aube exaltée[5] ainsi qu'un peuple de colombes,
Et j'ai vu quelquefois ce que l'homme a cru voir ![6]

J'ai vu le soleil bas, taché d'horreurs mystiques,[7]
Illuminant[8] de longs figements violets,[9]
Pareils à des acteurs[10] de drames très antiques
Les flots roulant au loin leurs frissons de volets !...[11]

Poésies

---

1) **mes éveils maritimes :** 「나의 바다 생활의 출발」.
2) **rouleurs éternels de victimes :** Victor Hugo의 Oceano Nox를 암시하고 있다. 「희생자를 운반하는 영원한 운반자」.
3) **l'œil niais des falots :** 부둣가에 비치는 「가로등의 흐릿한 불빛」.
4) **les ressacs :** 거센 물결이 장애물에 부딪치는 「물구비의 충돌」.
5) **l'Aube exaltée :** 마치 비둘기떼가 공중에 솟아오르듯이 「공중에 떠오르는 새벽」. 새벽녘에 주홍색에서 훤하게 변하는 광선을 비둘기가 날개쪽지를 쳐서 공중을 채우는 것으로 시인은 생각함.
6) **ce que l'homme a cru voir :** 다른 세상에 속하는 것 같고 인간의 이성을 잃게하는 환상적인 광경.
7) **mystiques :** 노여움을 산 신(神)에게 바치는 제물을 연상시키는 「신비로움」.
8) **Illuminant :** 전행의 soleil를 수식하며 직접목적은 마지막행의 les flots임.
9) **de longs figements violets :** 석양에 비치는 광선은 응결된 핏자국을 연상시킨다. 「길게 뻗은 보라색 광선으로」.
10) **Pareils à des acteurs :** 다음 행 les flots를 수식함. 석양 광선 밑에서 출렁거리는 파도는 배우들의 동작과 흡사하다.
11) **leurs frissons de volets :** 파도가 일 때 줄줄이 이랑을 짓는 물결은 덧문을 통하여 새어 들어와서 방바닥에 비치는 광선을 연상시킴. 「덧문을 통하여 들어오는 광선 같은 물이랑」.

TÊTE DE FAUNE[1]

Dans la feuillée, écrin vert taché d'or,
Dans la feuillée incertaine[2] et fleurie
De splendides fleurs où le baiser dort,[3]
Vif et crevant l'exquise broderie,[4]

Un faune effaré montre ses deux yeux
Et mord les fleurs rouges de ses dents blanches :
Brunie et sanglante[5] ainsi qu'un vin vieux,
Sa lèvre éclate en rires[6] sous les branches.

Et quand il a fui — tel qu'un écureuil,[7] —
Son rire tremble encore à chaque feuille,
Et l'on voit épeuré par un bouvreuil
Le Baiser d'or du Bois,[8] qui se recueille.

Poésies

1) 이 시는 Rimbaud가 15세 때 1869년 경에 쓴 작품이다. 이 시가 자연을 소재로 한 것으로 보아도 고답파의 소재였다. 그는 초기에 고답파의 영향을 받았으나 곧 혐오감을 가지고 고답파를 등지고 상징주의로 전향했다. 이 시는 초기의 고답파적인 작품이다.

2) **la feuillée incertaine**: 「여러가지 색갈로 우거진 나무옆」.

3) **le baiser dort**: 미풍이 불어도 잠자듯 잠잠한 숲의 나무잎은 흔들리지 않는다.

4) **Vif et crevant l'exquise broderie**: 이 행은 다음 strophe(절)의 un faune를 수식함. broderie는 꽃이 핀 나무잎을 가리킴.

5) **Brunie et sanglante**: 다음 행의 sa lèvre에 걸림. 「갈색과 피빛깔의, 적갈색의」.

6) **éclate en rire**: 「웃음을 터뜨린다」.

7) **tel qu'un écureuil**: ainsi qu'un écureuil (다람쥐처럼).

8) **Le Baiser d'or du Bois**: 목신(牧神)이 도망가면서 황금빛 광선이 비치는 나무잎을 흔들리게 한다. 「황금빛 나뭇잎의 키스」.

PAUL VALÉRY

(1871 — 1945)

LA FILEUSE [1]

Assise, la fileuse au bleu de la croisée[2]
Où le jardin mélodieux[3] se dodeline;
Le rouet ancien qui ronfle l'a grisée.

Lasse, ayant bu l'azur, de filer la câline
Chevelure[4], à ses doigts si faibles évasive,[5]
Elle songe, et sa tête petite[6] s'incline.

Un arbuste et l'air pur font une source vive
Qui suspendue au jour,[7] délicieuse arrose[8]
De ses pertes de fleurs le jardin de l'oisive.

---

1) 이 시는 Valéry가 초기 상징주의 시대인 1891년 9월에 *la Conque*지에 발표한 작품으로서 Edgar Alain Poe와 Mallarmé 등 다른 상징주의 시인들의 영향을 받고 쓴 것이다. 이 시의 주제는 단순하다. 어느 여름날 정원으로 향한 창문 곁에 앉아서 실짜는 여인이 물레를 돌리며 실을 감다가 잠이 들고 저녁 때가 되었다는 내용이다. 그러나 시의 구성이 섬세하며 많은 기교를 부렸다. 우선 부드러운 분위기를 조성하기 위하여 전부 여성운을 사용하였으며 중간휴지(中間休止, la césure)도 다양하게 사용하였다. 이 시는 특히 음악적 효과를 노린 작품이다.

2) **Assise, la fileuse au bleu de la croisée:** la fileuse près de la croisée bleue의 뜻임.

3) **le jardin mélodieux:** 정원을 묘사하면서 시각적인 면 뿐만 아니라 청각까지 동원시킨다. 상징주의는 인간의 5관(五管)을 동원시킨다.

4) **de filer la câline chevelure:** lasse에 연결됨. chevelure는 실을 짜는 양털. 「부드러운 양털 실짜기에 지쳐서!

5) **évasive:** 「실이 빠져나가는」.

6) **sa tête petite:** sa petite tête이나 운율상 3음절 씩 만들기 위해서 petite가 뒤에 온 것임.

7) **suspendue au jour:** 양태를 나타내는 부사구와 같은 역할을 한다. 「태양에 매달려서」.

8) **délicieuse arrose:** arrose의 주어는 qui이고 직접목적보어는 le jardin 임. arrose délicieusement의 뜻임. 「낙화(落花)들로 한가로운 정원에 상쾌하게 물을 뿌린다」.

Une tige, où le vent vagabond se repose,
Courbe le salut vain[1] de sa grâce étoilée,[2]
Dédiant magnifique, au vieux rouet, sa rose.[3]

Mais la dormeuse file une laine isolée ;[4]
Mystérieusement, l'ombre frêle se tresse
Au fil de ses doigts[5] longs et qui dorment, filée.[6]

Le songe se dévide avec une paresse
Angélique, et sans cesse, au doux fuseau crédule,[7]
La chevelure ondule au gré de la caresse....[8]

Derrière tant de fleurs, l'azur se dissimule.[9]
Fileuse de feuillage et de lumière ceinte :[10]
Tout le ciel vert se meurt. Le dernier arbre brûle.[11]

---

1) **Courbe le salut vain :** 꽃이 물레에게 꾸뻑꾸뻑 인사를 계속하기 때문에 「공연한 인사를 꾸뻑한다」.
2) **de sa grâce étoilée :** 꽃이 별처럼 벌어져 있기 때문에 「별처럼 우아한」.
3) **Dédiant magnifique, au vieux rouet, sa rose :** Dédiant sa rose magnifique au vieux rouet의 전도임.
4) **file une laine isolée :** 「외가닥 털실을 짜다」.
5) **se tresse au fil de ses doigts :** 실은 움직이지 않으나 그 그림자는 움직이고 있으며 마치 손가락 아래에서 짜여지는 것 같다. 「손가락을 따라 짜여진다」.
6) **filée :** l'ombre frêle을 수식하는 동격임. 그러므로 l'ombre frêle filée (실을 짜는 가냘픈 그림자)임.
7) **au doux fuseau crédule :** 실을 가락에 감는 것을 시인은 꿈을 가락에 감는 것으로 생각하고 있음. 졸고 있는 손에 아직 가락이 순종하고 있기 때문에 「순진하고 다정한 가락에」란 표현을 사용함.
8) **au gré de la caresse :** au gré de...「…대로」, au gré des flots(물결치는 대로). 「애무하는 손길대로, 애무하는 손길따라」.
9) **l'azur se dissimule :** 해가 져서 「창공이 몸을 숨긴다」.
10) **Fileuse de feuillage et de lumière ceinte :** Fileuse ceinte de feuillage et de lumière의 전도. ceinte는 ceindre(에워싸다)의 과거분사. 「나무잎과 광선으로 에워싸인 실 짜는 아가씨야」.
11) **brûle :** 석양으로 빨갛게 「불타다」.

Ta sœur, la grande rose[1] où sourit une sainte,
Parfume ton front vague au vent de son haleine[2]
Innocente, et tu crois languir....[3] Tu es éteinte[4]

Au bleu de la croisée où tu filais la laine.[5]

Album de vers anciens

LES PAS[6]

Tes pas,[7] enfants de mon silence,[8]
Saintement, lentement placés,
Vers le lit de ma vigilance[9]
Procèdent[10] muets et glacés.

Personne pure,[11] ombre divine,
Qu'ils sont doux, tes pas retenus ! [12]

---

1) **la grande rose:** 유리창에 그려진 미소짓는 성녀와 함께 있는 장미꽃. ta sœur와 동격이기 때문에 관사가 필요 없지만 이하는 관계대명사절로 수식하기 때문에 관사가 있음.
2) **Parfume ton front vague au vent de son haleine:** 「제 입김을 불어서 선잠자는 네 이마에 향기를 뿌린다」.
3) **tu crois languir:** 선잠이 들 정도로 「너는 나른하게 느껴져서」.
4) **Tu est éteinte:** 「완전히 잠이 들고 말았다」.
5) **filais la laine:** 잠이 들기 전까지 「실을 짜고 있던」.
6) 이 시는 1921년 1월에 발표하였으며, *L'Abeille, Les Grenades, Le Cimetière marin*과 함께 *Charmes*에서 대표적인 작품이다. 「발걸음」은 우리가 짐작하는 것과 같은 애인이 찾아오는 발걸음이 아니라, 詩의 영감과 사상의 발전 단계를 암시하는 상징으로 사용했다. 그러나 3, 4절(strophes)에서 시인은 정묘한 뉘앙스로, 사랑하는 이의 돌아옴을 앞둔 미묘한 감정과 기다림의 애틋함을 암시하고 있다.
7) **Tes pas:** 「발걸음」은 詩에서 사상의 단계 혹은 rythme(운율)을 암시하고 있다. 「네 발걸음」의 「너」는 시를 의미함.
8) **enfants de mon silence:** 詩의 발상(發想)에는 영감(l'inspiration)을 잘 받아들이기 위하여 침묵이 필요하다. Tes pas의 동격임. mon은 시인 자신을 가리킨다.
9) **le lit de ma vigilance:** 시인은 시의 영감을 받아들이기 위하여 자기 마음 속을 텅텅 비워 놓고 침대 머리맡에서 신경을 모으고 있다.
10) **procèdent:** s'avancent의 뜻임.
11) **personne pure:** 현실에 때묻지 않은 「순수한 사람」. ombre divine와 동격이며 호격(呼格)임.
12) **tes pas retenus:** 주어 ils의 동격속사임. 「조심스러운 너의 발자국들」.

Dieux ! ... tous les dons[1] que je devine
Viennent à moi sur ces pieds nus ! [2]

Si, de tes lèvres avancées,[3]
Tu prépares pour l'apaiser,[4]
A l'habitant de mes pensées[5]
La nourriture d'un baiser,

Ne hâte pas cet acte tendre,
Douceur d'être et de n'être pas,[6]
Car j'ai vécu de vous attendre,
Et mon cœur n'était que vos pas[7]

Charmes

---

1) **tous les dons**: 하느님이 주신 모든 선물, 여기서는 詩를 쓰는 재능을 뜻함.
2) **sur ces pieds nus**: 시상(詩想)을 정리하는 데 필요한 침묵을 존중하기 위하여 「맨발」로 시인에게 온다.
3) **de tes lèvres avancées**: 시인은 「입술을 내밀고서」 시상에 적합한 시어(詩語)를 찾으면서 기다리고 있다.
4) **prépares pour l'apaiser**: préparer의 직접목적보어는 마지막 행의 la nourriture임. l'apaiser의 le는 중성대명사로서 여기서는 별 뜻이 없음.
5) **habitant de mes pensées**: 원래는 「내 시상의 상주자」이나 이렇게 표현하면 우리말로 어색하니 명사 habitant을 한정어로 사용하여 「상주하는 나의 시상, 떠나지 않고 맴도는 나의 시상」으로 번역하면 자연스럽다.
6) **Douceur d'être et de n'être pas**: 기쁨을 기대하고 있는 것이 기쁨 자체를 능가하는 것처럼 시상을 찾으면서 무의식과 생생한 의식 사이에서 일종의 야릇한 희열을 맛보게 된다. 「존재함과 부재함의 즐거움이여」.
7) **mon coeur n'était que vos pas**: 심장의 고동은 시인에게 찾아오고 시상을 상징하는 발걸음과 연관성이 있다고 시인은 생각하고 있다.

L'ABEILLE[1]

A FRANCIS DE MIOMANDRE[2]

Quelle, et si fine, et si mortelle,
Que soit ta pointe,[3] blonde abeille.
Je n'ai, sur ma tendre corbeille,[4]
Jeté qu'un songe de dentelle.[5]

Pique du sein la gourde belle,[6]
Sur qui l'Amour meurt[7] ou sommeille,
Qu'un peu de moi-même vermeille[8]
Vienne à la chair ronde et rebelle!

J'ai grand besoin d'un prompt tourment:
Un mal vif et bien terminé[9]
Vaut mieux qu'un supplice dormant!

---

1) 이 시는 1919년 12월에 쓴 풍자시로서 그 후 *Charmes*에 실린 작품이다. 사랑에 눈을 뜨게 된 어떤 여인이 꿀벌에게 호소하는 내용으로 되어 있다.

2) **Francis de Miomandre**(1880～1959): 그는 발레리의 친구로서 현실주의 소설가임. 1919년 *La jeune Parque*를 발표한 후 발레리와 알게 되었다.

3) **Quelle, et si fine, et si mortelle, que soit ta pointe**: si+*adj*+que+*subj* (아무리…하다 해도)와 quelle que+*subj*(…이 어떠하건)의 이중의 표현이다. 「너의 침(針)이 아무리 날카롭고 아프고 어떠하건 간에」. mortelle은 치명적일 정도로 아프다는 뜻임.

4) **ma tendre corbeille**: 젖가슴을 꽃바구니로 표현하였음. *La Jeune Parque*에도 같은 표현이 있음.

5) **un songe de dentelle**: 「꿈이 담긴 레이스」.

6) **du sein la gourde belle**: la belle gourde du sein(젖가슴의 아름다운 표주박, 아름다운 표주박 모양의 젖가슴)의 도치.

7) **l'Amour meurt**: 「사랑이 식거나」.

8) **Qu'un peu de moi-même vermeille**: 여기서 Que는 Pour que와 같은 뜻임. vienne가 접속법 현재임에 유의바람. 「새빨간 내 자신의 일부, 새빨간 내 자신의 피 몇방울이…하도록」.

9) **Un mal vif et bien terminé**: 벌에 쏘여서 「따끔하게 빨리 끝나는 아픔」이 은근한 괴로움보다 낫다는 뜻.

Soit donc mon sens illuminé[1]
Par cette infime alerte d'or[2]
Sans qui l'Amour meurt ou s'endort !

Charmes

LES GRENADES[3]

Dures grenades entr'ouvertes
Cédant à l'excès de vos grains,[4]
Je crois voir des fronts souverains
Eclatés de leurs découvertes ! [5]

Si les soleils par vous subis,[6]
O grenades entre-bâillées,
Vous ont fait d'orgueil travaillées
Craquer[7] les cloisons de rubis,

---

1) **Soit donc mon sens illuminé :** 「그러므로 나의 감각을 불붙여라」.
2) **Par cette infime alerte d'or :** 「너의 가느다란 황금색 침의 경고로」.
3) 이 시는 1920년 5월에 쓴 시다. 발레리가 초기 상징주의 시를 쓰다가, 20년간 침묵을 지키면서 사색한 끝에 다시 시를 쓰게 되었는 바, 자기의 침묵과 사상을 정리한 것을 석류에 비교하면서 이 시를 썼다. 알을 드러내 보이는 석류를 마치 시인 자신에 비유하면서, 서서히 성숙한 자기의 정신 구조와 사상은 내부의 압력으로 밖으로 표시하게 된다는 것을 암시하고 있다.
4) **Cédant à l'excès de vos grains :** 「너의 속 알맹이의 과잉에 못이겨」.
5) **éclatés de leurs découvertes :** 겨울이 지나고 봄이 지나도록 땅속에서 자양분을 섭취하여 석류가 맺고 터져나오는 것을, 오랫동안 명상하여 사상을 성숙시키는 것으로 생각한다. 「자기들의 발견으로 갈라진」.
6) **les soleils par vous subis :** les soleils subis par vous(너희들이 견디어 온 일광)의 도치임.
7) **Vous ont fait d'orgueil travaillées craquer :** vous travaillées d'orgueil ont fait craquer (자랑스럽게 이룩한 너희들에게…을 찢어지게 했다 하더라도)의 전도. vous가 grenades이기 때문에 travaillées로 여성 복수가 됨.

Et que si l'or sec de l'écorce
A la demande d'une force[1]
Crève en gemmes rouges de jus,[2]

Cette lumineuse rupture
Fait rêver une âmecque j'eus
De sa secrète architecture.[3]

Charmes

LE CIMETIÈRE MARIN[4]

Ce toit[5] tranquille, où marchent des colombes,[6]
Entre les pins palpite, entre les tombes;
Midi le juste[7] y compose de feux
La mer, la mer, toujours recommencée!

---

1) **A la demande d'une force:** 「어떤 힘의 요구에 따라」.

2) **en gemmes rouges de jus:** 「과즙(果汁)의 빨간 보석이 되어」. 석류알이 빨갛게 터지는 것을 이렇게 묘사함.

3) **De sa secrète architecture:** 전 행 une âme의 한정어임. 「내가 가졌던 은밀한 구조의 영혼」. 발레리는 시를 건축에 비교했다. 시에서 音의 요소로서 음의 높이, 길이, 공간(침묵)은 건축과 같다고 생각했음을 첨언한다.

4) 이 시는 1920년 6월에 *Nouvelle Revue Française*에 게재되었다가 1922년에 *Charmes*에 다시 수록했다. 모두 144행의 장시로서 그 중 여러 strophes가 *La Jeune Parque* 이전에 쓰여진 것이다. 이 시의 제목은 발레리의 고향 Sète에 있는 공동 묘지로서, 지중해가 한눈에 굽어보인다. 지금 발레리의 묘지도 이 Cimetière marin에 안치되어 있으며 이 공동 묘지 바로 뒤 편에 〈발레리 박물관〉이 있다. 이 시는 어린 시절에 쉬은 지적, 감상적인 체험을 엮은 작품이다. 삶과 죽음에 대한 명상, 의식과 의식에 대한 명상, 動과 不動에 대한 그의 영감과 이미지를 감각적으로 환기시킨 작품이다. 또한 인간의 욕심과 자존심, 절대자와 상대자, 인간 본능과 고독감 사이의 투쟁을 엿볼 수 있다. 변화하는 생물 — 변화의 관념을 자아내게 하는 생물 — 을 영원한 안식처인 묘지 앞에서 명상하면서, 시인 자신의 순수한 감정과 사상을 피력하면서 자문 자답하고 있는 작품이다.

5) **Ce toit:** 「바다의 수면」을 시인은 지붕으로 생각하고 있다. 정오의 태양 아래 꼼짝하지 않는 바다는 흡사 지붕과도 같다.

6) **des colombes:** 어부들의 「흰 돛단배」는 지붕 위에 걸어다니는 비둘기를 연상케 한다.

7) **Midi le juste:** 정오의 태양은 하루를 꼭 같이 이등분하므로 「올바름인 정오, 정확한 정오」임. 정오의 태양은 저울대가 정확히 달렸을 때 꼼짝하지 않듯이, 중천에서 꼼짝하지 않고 바다를 하얀 빛으로 덮으면서 비추고 있다. 「정확히 중천에 있는 정오의 태양은 불꽃으로 바다를 덮는다」. 태양은 유일한 지배자의 개념을 가지고 있으며 정오는 완전한 존재를 상징한다.

O récompense[1] après une pensée
Qu'un long regard sur le calme des dieux !

Quel pur travail de fins éclairs consume[2]
Maint diamant d'imperceptible écume,[3]
Et quelle paix semble se concevoir !
Quand sur l'abîme un soleil se repose,
Ouvrages purs[4] d'une éternelle cause,
Le Temps scintille[5] et le Songe est savoir...[6]

Beau ciel,[7] vrai ciel, regarde-moi qui change !
Après tant d'orgueil, après tant d'étrange
Oisiveté, mais pleine de pouvoir,[8]
Je m'abandonne à ce brillant espace,
Sur les maisons des morts[9] mon ombre passe
Qui m'apprivoise à son frêle mouvoir.[10]

---

1) **O récompense après une pensée:** 고요한 제신(諸神)에 대한 명상이 사색의 휴식이 되는 것처럼 고요한 바다의 광경은 시선의 휴식이 된다. 「고요한 신들을 오랫동안 바라보는 시선처럼, 오, 한줄기 사색 뒤에 오는 보수여 !」.

2) **Quel pur travail de fins éclairs consume:** de fins éclairs는 consume의 방법 상황보어 (le complément de moyen)임. consume의 직접목적은 물론 다음 행의 le diament임.

3) **Maint diamant d'imperceptible écume :** d'imperceptible écume는 diamant (물질 상황보어=complément de matière)임. 바다가 보석공이 깎아 내는 금강석처럼 반짝인다.

4) **Ouvrages purs**는 다음 행에 나오는 Le Temps 과 le Songe임.

5) **Le Temps scintille:** 시간은 절대자의 눈을 닮아 동시성(同時性) 안에서 영원한 현재인 양 「반짝이고 있다」. 시간은 반짝이는 바다처럼 멈추고 있다.

6) **le Songe est savoir:** 이러한 인식의 상태에서는 꿈도 사색처럼 인식에 도달하는 한 방법이 된다. 그러므로 「꿈도 인식이다」.

7) **Beau ciel, vrai ciel:** 여기서는 생략했지만 3, 4, 5절(strophes)에서, 시인은 바다에 대한 비유와 명상을 나열하였다. 그러나 그는 갑자기 바다에서 변화하는 인간에게로 명상의 촛점을 바꾼다. 바다, 대자연, 절대자 앞에서 무아경(無我境)에 빠졌다가 그 황홀경에서 벗어난다.

8) **pleine de pouvoir:** oisiveté를 수식하는 명사보어임. féconde par la puissance de sa méditation(명상의 힘으로 풍요하게 된)의 뜻임.

9) **Sur les maisons des morts:** 「사자들의 집」은 「묘지」를 의미한다. passe의 장소 상황보어임. 자기 그림자의 움직임이 묘지 위에서 움직이는 것을 보고, 변화하는 인간 조건을 상기시킨다.

10) **Qui m'apprivoise à son frêle mouvoir:** 선행사가 mon ombre임. 변하는 그림자는 변화하는 인생의 모습을 잘 나타내고 있다. 「약간의 움직임에 내가 길들은」.

L'âme exposée[1] aux torches du solstice,
Je te soutiens, admirable justice
De la lumière[2] aux armes sans pitié !
Je te rends pure[3] à ta place première:
Regarde-toi!... Mais rendre la lumière
Suppose d'ombre une morne moitié.[4]

O pour moi seul,[5] à moi seul, en moi-même,
Auprès d'un cœur, aux sources du poème,
Entre le vide et l'événement pur,[6]
J'attends l'écho de ma grandeur interne,[7]
Amère, sombre et sonore citerne,
Sonnant dans l'âme un creux toujours futur ! [8]

Sais-tu, fausse captive[9] des feuillages,
Golfe mangeur de ces maigres grillages,[10]

---

1) **L'âme exposée**: 정오의 태양이 그 이미지가 된, 순수 의식에 대한 새로운 표현임.
2) **Je te soutiens, admirable justice de la lumière**: 3행에서 나온 Midi le juste와 같은 개념임. 빛은 밝은 의식을 상징한다. 「빛의 감탄할 만큼 정확함이여, 나는 너를 지켜본다」.
3) **Je te rends pure**: 변덕스럽고 변하기 쉬운 인간의 마음에 비교할 때 순수하다. 「나는 너에게 순수한 채로 돌려준다」.
4) **d'ombre une morne moitié**: une morne moitié d'ombre의 도치. 광선이 일면만 밝게 비추는 어떤 대상물과 마찬가지로, 만약 우리의 영혼에서 밝은 의식을 빼앗아가면, 우리 영혼에도 그늘진 일면, 무의식의 영역과 변화하는 면이 있다.
5) **pour moi seul**: 내 자신의 영혼 속에도 마치 바다 속처럼 육중하게 움직이는 심연이 있다. 인간의 감정은 무의식과 의식 사이에서 항상 변하고 불안정된 상태에 있다. 시인은 자기 자신을 성찰하면서 의식의 순간을 탐색하고 있다.
6) **le vide et l'événement pur**: 무의식의 공허와 창조적인 사색을 의미한다.
7) **l'écho de ma grandeur interne**: 「위대한 내면적인 반향」은 명철한 의식의 결과로 생긴 산물인 창작, 즉 시를 의미한다.
8) **un creux toujours futur**: 인간의 내부 의식은 항상 미래로 향하게 된다. 우물에 던진 돌소리를 듣는 것처럼, 시인은 의식의 반향인 시의 창작을 기다린다. 「항상 미래로 향한 공동(空洞)을 영혼 속에서 울리는」.
9) **fausse captive**: 외관상으로 바다는 움직이지 않으며, 소나무 가지 사이로 보이기 때문에 바다가 포로가 되어 꼼짝하지 않는 것처럼 보인다. 「가짜 포로」는 바다를 가리킨다.
10) **Golfe mangeur de ces maigres grillages**: 시인은 지금 소나무 사이로 묘지를 둘러 싸고 있는 철책 너머로 바다를 바라보고 있다. 파도가 해변에 튀어오를 때 마치 바다물이 철책을 갉아먹는 것처럼 보인다. 「앙상한 철책을 삼키는 물굽이여 !」.

Sur mes yeux clos, secrets éblouissants,[1)]
Quel corps me traîne à sa fin paresseuse,[2)]
Quel front l'attire à cette terre osseuse? [3)]
Une étincelle[4)] y pense à mes absents.[5)]

Fermé, sacré, plein d'un feu sans matière,
Fragment terrestre offert à la lumière,[6)]
Ce lieu me plaît, dominé de flambeaux,[7)]
Composé d'or,[8)] de pierre et d'arbres sombres,
Où tant de marbre est tremblant[9)] sur tant d'ombres;
La mer fidèle y dort sur mes tombeaux!

Chienne splendide[10)], écarte l'idolâtre!
Quand solitaire au sourire de pâtre,[11)]
Je pais longtemps, moutons mystérieux,
Le blanc troupeau de mes tranquilles tombes,
Éloignes-en les prudentes colombes,[12)]

1) **secrets éblouissants:** secrets éblouissants sur mes yeux clos의 도치이며, captive, golfe와 동격(appositon)으로 바다를 가리킨다. 바다의 수면은 빛나고 꼼짝하지 않으나 그 속에는 「신비로운 비밀들」로 가득찬 것처럼 보인다. 눈을 감고 명상에 잠긴 시인에게는 이러한 바다의 신비가 자기 사상을 비추는 의식과도 흡사하다고 생각된다.

2) **à sa fin paresseuse:** 「게으른 종말」은 「죽음」을 상징한다. 시인은 죽음을 명상한다.

3) **terre osseuse:** 「뼈투성이의 땅」은 「묘지」를 가리킨다. l'attire의 l'는 quel corps를 받음.

4) **Une étincelle:** la pensée du poète를 의미함.

5) **mes absents:** 「나의 부재자들」은 「죽은이들」을 뜻함.

6) **Fragment terrestre offert à la lumière:** 다음 행의 ce lieu (le cimetière)의 동격속사임. 「광선에 노출된 대지의 조각」.

7) **dominé de flambeaux:** Ce lieu를 수식하는 동격임. 「태양의 횃불이 지배하는」.

8) **d'or:** 묘석에 새긴 「금빛 활자」.

9) **tant de marbre est tremblant:** 햇빛이 너무 쨍쨍 비치기 때문에 대리석 묘비가 떠는 것처럼 보인다. 이 대리석 묘비는 사자들의 망령이 떠받치고 있다고 시인은 생각하고 있다.

10) **Chienne splendide:** 전 행에서 나온 fidèle의 관념을 더 확장시킨 비유. 으르렁대는 바다가 마치 충실한 개처럼 묘지를 지키고 있다고 시인은 생각함.

11) **solitaire au sourire de pâtre:** 다음 행 je를 수식하는 동격임. 시인은 무덤들을 양떼로 생각하며 자신은 양떼를 지키는 목동으로 생각함. 목동은 외롭고 남모를 명상에 잠겨서 미소를 짓고 있다. 「목동의 미소를 짓고 있는 은둔자」.

12) **les prudentes colombes:** 바다의 돛단배와는 반대로 공동 묘지의 숲에 은신처를 찾는 비둘기들. 조용한 분위기를 깨뜨리기 때문에 멀리하라는 것임.

Les songes vains,[1] les anges curieux !

Les morts cachés[2] sont bien dans cette terre
Qui les réchauffe et sèche leur mystère.
Midi là-haut, Midi sans mouvement[3]
En soi se pense et convient à soi-même...[4]
Tête complète et parfait diadème,
Je suis en toi le secret changement.[5]

Tu n'as que moi[6] pour contenir tes craintes !
Mes repentirs, mes doutes, mes contraintes
Sont le défaut de ton grand diamant...[7]
Mais dans leur nuit toute lourde de marbres,
Un peuple vague[8] aux racines des arbres
A pris déjà ton parti[9] lentement.

Ils ont fondu dans une absence épaisse,[10]
L'argile rouge a bu la blanche espèce,[11]

---

1) **les songes vains:** 발레리는, 영생을 꿈꾸는 맹신자들의 태도를 물리친다.

2) **Les morts cachés:** 죽은이들이 잠자는 매지를 묘사한 한 절(strophe). 후에 시인은 다시 자기 명상을 시작한다. 「땅에 묻힌 죽은이들」.

3) **Midi sans mouvement:** 정확한 정오, 움직이지 않는 정오의 빛은 절대와 무한을 상징한다. 이 절에서 암시하는 내용과 대문자로 쓴 것을 보아 「정오」는 神과 같은 존재임을 암시함.

4) **convient à soi-même:** 절대적인 존재는 모든 것이 완전하므로 자기만으로 충분하다.

5) **le secret changement:** 절대자의 품 안에서 인간은 변화하는 존재라는 것을 자각하고 있다. 인간은 상대적이고 죽음으로 다가가는 존재다. 그러나 인간의 사고는 그가 살고 있는 우주를 공격한다. 마치 과일 속에 들어 있는 벌레가 과일을 파먹는 것처럼.

6) **Tu n'as que moi:** 전 절 사상의 전개임. 인간은 일시적이고 불안정된 감정과 불안을 가지고 있어, 태양이 암시하는 완전한 존재에 비교하면 자연 속에서 약점을 가진 존재다. 그러나 절대 존재에 대한 즉 〈너에 대한 불안을 지탱하기 위해 나는 유일한 존재다〉.

7) **le défaut de ton grand diament:** 하느님은 인간을 후회, 의혹 및 속박을 갖는 불안전한 존재로 만들었기 때문에, 완전한 존재에 비하여 인간은 흠집과 같은 존재임.

8) **Un peuple vague:** 나무 뿌리 밑에서 썩어서 형체가 없어지는 「희미한 사람들」.

9) **A pris déjà ton parti:** prendre le parti de *qn* (…의 편들다, …편에 가담하다). 변화하는 생존자와는 반대로, 죽은 사람들은 불변하는 존재 편에 서서히 가담한다.

10) **dans une absence épaisse:** 육체가 썩어 없어진 「두꺼운 부재자 속에서」.

11) **la blanche espèce:** 「흰 뼈」를 의미함.

Le don de vivre a passé dans les fleurs !
Où sont des morts les phrases familières,[1]
L'art personnel, les âmes singulières ? [2]
La larve file où[3] se formaient des pleurs...

Et vous, grande âme,[4] espérez-vous un songe[5]
Qui n'aura plus ces couleurs de mensonge
Qu'aux yeux de chair l'onde et l'or[6] font ici ?
Chanterez-vous quand serez vaporeuse ? [7]
Allez ! Tout fuit ! [8] Ma présence est poreuse,[9]
La sainte impatience[10] meurt aussi !

Maigre immortalité[11] noire et dorée,
Consolatrice affreusement laurée,
Qui de la mort fais un sein maternel,[12]

---

1) **des morts les phrases familières:** les phrases familières des morts (죽은 사람들의 친근한 말투들)의 도치.

2) **les âmes singulières:** 각자 서로 「독특한 영혼들」.

3) **la larve file où:** où는 선행사 là가 생략되었음. 「눈물이 생기는 곳에 구더기들이 줄지어 다닌다」.

4) **grande âme:** 호격임. 시인은 생략한 strophe에서 육체적인 향락을 나열한 후, 다시 영혼에 대하여 명상한다.

5) **un songe:** 지상(地上) 생활에서는 불확실한 영생에 대한 꿈.

6) **l'onde et l'or :** 인간의 눈에 색채와 형상(形狀)을 만드는 「금빛 광선」.

7) **quand serez vaporeuse:** quand vous serez vaporeuse (네가 수증기가 되어 증발할 때)임. 영혼이 수증기가 되어 없어질 때 시를 쓰겠는가? 하고 자문자답함.

8) **Tout fuit:** 발레리는 이러한 유심론자(唯心論者)적인 희망을 믿지 않는다.

9) **poreuse:** 마치 초벌 구운 질그릇에 물이 새듯이 자기 영혼이 사라지고 만다는 뜻임. 「나의 존재는 잔구멍이 송송 뚫렸다」.

10) **La sainte impatience:** 영생을 꿈꾸는 「거룩한 조바심」.

11) **Maigre immortalité:** 호격임. 발레리는 영생에 대한 꿈을 신랄히 비웃고 있다. 만일 우리가 영생을 최후의 목적으로 생각한다면 우리는 죽음에 대해서도 역시 갈구해야 하지 않겠는가. 그러나 그것은 단지 죽음을 앞두고 위안을 구하기 위한 착각에 불과하다. 그러나 죽음은 우리가 거역함에도 불구하고 무서운 모습으로 우리에게 찾아온다. 발레리는 영생을 부인하는 무신론자임을 천언한다.

12) **Qui de la mort fais un sein maternel:** 선행사는 consolatrice이며 qui fais un sein maternel de la mort (죽음을 어머니의 품으로 삼는)의 도치.

Le beau mensonge et la pieuse ruse !
Qui ne connaît, et qui ne les refuse,[1)]
Ce crâne vide et ce rire éternel ! [2)]

Pères profonds,[3)] têtes inhabitées,[4)]
Qui sous le poids de tant de pelletées,
Êtes la terre et confondez nos pas,[5)]
Le vrai rongeur,[6)] le ver irréfutable
N'est point pour vous qui dormez sous la table,[7)]
Il vit de vie,[8)] il ne me quitte pas !

Amour,[9)] peut-être, ou de moi-même haine ?
Sa dent secrète[10)] est de moi si prochaine
Que tous les noms lui peuvent convenir !
Qu'importe ! Il voit, il veut, il songe, il touche !
Ma chair lui plaît, et jusque sur ma couche,
A ce vivant je vis d'appartenir !...[11)]

---

1) **qui ne les refuse:** les는 다음 행의 ce crâne와 ce rire임.
2) **Ce crâne vide et ce rire éternel:** 발레리는 죽음에서 텅빈 해골과 영생에 대한 조소밖에 볼 수 없다고 생각한다.
3) **Pères profonds:** 「땅속에 깊게 묻힌 조상들」.
4) **têtes inhabitées:** 「속이 빈 머리통」.
5) **confondez nos pas:** confondez는 ne distinguez pas의 뜻임.
6) **Le vrai rongeur:** le ver irréfutable의 동격임. 우리가 거역할 수 없는 「정말로 좀먹는 존재」는 죽은 사람의 살을 먹는 구더기가 아니라는 뜻임.
7) **la table:** la dalle du tombeau(무덤의 평석(平石)).
8) **il vit de vie:** 그 벌레는 시체를 파먹지 않고 삶을 파먹고 사는 의식이다. 우리 산 사람을 먹고 사는 것은 인간의 의식(意識)이다. 「그 벌레는 생명을 먹고 산다」.
9) **amour:** 의식이란 나 자신 속에 있으며 자신에 의해 생기며 죽음을 생각하게 된다. 이러한 의식은 사랑에서 생겼을까 아니면 증오에서 생겼을까? 의식은 우리와 너무 가까이 있기 때문에 호의를 가졌는지 적의를 가졌는지 구별할 수가 없다.
10) **Sa dent secret:** 「보이지 않는 의식의 이빨」
11) **A ce vivant je vis d'appartenir:** je vis d'appartenir à ce ver (나는 이 벌레, 즉 의식의 소유물이 되어 산다)의 뜻임. 우리의 잠자리까지, 우리가 잠자는 동안에도 꿈속에서까지 집요한 의식은 우리를 따라다니며 먹고 산다.

Oui ! Grande mer de délires douée,[1)]
Peau de panthère[2)] et chlamyde[3)]trouée
De mille et mille idoles[4)] du soleil,
Hydre[5)] absolue, ivre de ta chair bleue,
Qui te remords l'étincelante queue
Dans un tumulte au silence pareil,[6)]

Le vent se lève![7)]... Il faut tenter de vivre!
L'air immense ouvre et referme mon livre,
La vague en poudre[8)] ose jaillir des rocs !
Envolez-vous, pages tout éblouies ! [9)]
Rompez, vagues ! Rompez d'eaux réjouies[10)]
Ce toit tranquille où picoraient des focs ! [11)]

Charmes

---

1) **mer de délires douée**: mer douée de délires(흥분을 타고난 바다)의 도치. 이 절부터 바다의 움직임에 대하여 묘사하고 있음. 생략된 두 절에서는 희랍 철학자 Zénon의 학설(운동과 생명을 부인한 학설)을 공박한 후 다시 바다로 시선을 돌렸음. 바다는 운동과 생명의 원천이다. 바다의 동요가 시인에게 삶의 의욕을 갖게 한다.

2) **peau de panthère**: 파도에 광선이 반사하는 광경이 흡사 얼룩얼룩한 표범의 가죽같이 보인다.

3) **chlamyde**: 「희랍 망토」.

4) **idoles**: images(모습)의 뜻임.

5) **Hydre**: 희랍 신화에 나오는 괴물로서 수 많은 머리를 가지고 있다. 이 괴물은 제머리를 끊임없이 물어뜯지만 금방 다시 머리가 생기는 동물이다. 시인은 파도가 생겼다 사라지는 광경을 머리를 물어 뜯는 괴물에 비유하고 있다.

6) **un tumulte au silencc pareil**: un tumulte pareil au silence임. 단조롭고 끊임없이 들려오는 광막한 바다의 웅얼거리는 소리는 침묵과 흡사하다. 같은 소리가 반복될 때 귀가 멍멍하게 잘 들리지 않는다.

7) **Le vent se lève**: 정오의 정적과 마비 상태에서 벗어나 바다가 다시 움직이기 시작하는 것처럼 시인도 활동할 결의를 갖고, 죽은 사람들과는 달리 삶을 택하면서 「바람이 불어온다 !」.

8) **La vague en poudre**: 「산산이 부서지는 파도」.

9) **pages tout éblouies**: 시인이 쓰고 있는 시의 원고지.

10) **d'eaux réjouies**: 「흥겨운 물결로」.

11) **où picoraient des focs**: 첫 행의 지붕과 비둘기의 이미지로 되돌아 왔음. 삼각돛을 단 범선의 모습은 땅 위에서 모이를 쫓고 있는 비둘기를 연상시킨다.

불시형(佛詩型)

(Versification française)

시는 산문과 비교하여 볼 때 운율(韻律)과 내재적인 음악성을 본질로 설명하는 사람이 많다. 시의 명칭도 원래 중국의 한시에서 시만 떼온 것으로, 우리나라의 초기의 시를 향가, 가사, 가요, 시가, 장가 및 단가로 불렀다. 그뿐 아니라 영어의 song과 일어의 〈우다(歌)〉 등을 미루어 보더라도 시가 노래에 기원을 둔 것은 분명하다. 불시도 882년에 라틴어 번역이 붙은 최초의 詩인 *la cantilène de Sante Eulalie*가 모두 29행으로 구성되었다. 이리하여 초기의 시는 당초 종교시로부터 시작하여 의식(儀式)할 때 신도들이 기도문으로 가사(歌詞)를 제창하면서부터 시작되었다. 시는 당초부터 음악과 밀접한 관계를 가졌다. 그러므로 시의 본질과 특성을 설명하는데 음악성과 운율을 들고 있다. 시를 일종의 음악으로 간주하는 경향이 많다. Jacques Boulanger는 "순전히 시적(詩的)인 성격은 시행의 음악화에 있다"(Henri Bremond, *Poésie pure*, p. 52)고 말했다. 상징주의 시인들은 시를 산문과 음악의 중간문학 형태라고 규명했다.

또한 산문에 대해서 시를 생각할 때에 먼저 눈에 띄는 사실은 산문은 운율을 가지고 있지 않은데 반하여 시는 운율을 가지고 있다는 점이다. 운율은 시에서 중요한 형식적인 특질이다. 그래서 과거의 유명한 시인들은 운율을 중심으로 하여 시의 정의를 내린 사람이 많다. 대부분의 운율 학자들은 "시는 운문의 예술 내지 사상이나 감정의 운문적 표현"(La poésie est l'art des vers ou l'expression versifiée d'une pensée ou d'un sentiment) (*Introduction à la poésie française*, p. 19)이라고 했다. 또한 Aristoteles도 시는 율어(律語)에 의한 예술이라고 말하고 있다. 이와 같이 시에서 운율과 음악성을 중요시하는 것은 당연한 일이다.

따라서 시에서는 일정한 규칙과 형태에 의하여 내재적인 음악성과 운율을 조성하고 있다. Versification은 시의 규칙과 형태를 연구하는데 목적이 있다. 불시형은 원래 라틴 시형에서 유래되었다. 그러므로 불시에서는 음절의 수를 중요시해 왔다. 음절 수에 의하여 불시가 분류되고 있다. 12세기까지는 décasyllabe (10음절 시)가 지배적이었으나 1250년 경부터 alexandrin (12음절 시)과 octosyllabe (8음절 시)로 대체되었다.

불시형 연구의 중요한 내용은 우선 음절과 그 규칙, 운율(le rythme) 및 운(la rime)이 가장 중요한 요소가 된다. 또한 몇 개의 시행 ((le vers)을 결합하여 구성하는 시절(la strophe)과 일정한 규칙에 따라 구성되는 정형시의 형태도 불시형에서 중요한 몫을 차지하는 바 차례로 연구하기로 하자.

제 1 장 음절 (les syllabes)

1. 음절의 수 (le nombre des syllabes)

음절의 구성을 살펴보면 모음을 중심으로 형성된다. 음절을 구성하기 위하여는 첫째로 모음 단독(a-mi)으로 구성될 수도 있고, 둘째로 자음과 모음(ma-ma)으로 구성되기도 하고, 세째로 모음과 자음(al-bum)으로 구성될 때도 있으며, 네째로 자음과 모음과 자음(a-lors)으로 구성될 때도있 다.

그런데 단모음일 경우에는 쉽게 알 수 있으나 2중모음(diphtongue)일 경우는 간단치 않다. 2중모음의 음절 계산은 일반적으로 다른 자음 뒤에 r이나 l이 앞에 오는 경우에는 두 음절로 한다. 즉, pri-a, meurtri-er, cli-ent. 이밖에 2중모음의 음절 계산 방법을 고찰하여 보기로 하자.

1) ia는 일반적으로 두 음절을 형성한다. confi-a, di-ament. 그러나 diable, diacre, fiacre, liard의 네 단어는 예외다.

2) ie는 l'e fermé나 l'e ouvert를 막론하고 명사인 경우에는 일반적으로 한 음절을 형성한다. ciel, fiè-vre, ami-tié 등. 동사인 경우(infinitif, 직설법 및 명령법 현재 2인칭 복수, 과거분사)에서는 두 음절을 형성한다. étudi-er, appréci-ez ces bons repas, mari-é. 그리고 형용사인 경우에도 일반적으로 두 음절로 계산한다. inqui-et, essenti-el. 그러나 자주 사용되는 hier의 경우 고전불시에서는 단음절로 계산했으나 Boileau 이후부터 두 음절로 계산한다. 그런데 avant-hier는 현재도 단음절로 계산하고 있다.

3) iai는 동사의 단순과거 1인칭 단수에서 두 음절로 계산한다. Je

confi-ai, j'étudi-ai.

4) io 는 모두 두 음절이다. vi-olence, vi-olon. 그러나 fiole 와 pioche 는 예외다.

5) oe 는 한 음절이다. poê-le, moe-lle. 그러나 po-ème, po-ésie, po-ète 는 예외다.

6) oi 는 항상 한 음절이다. loi, moi, voilà 등이다.

7) ue 는 항상 두 음절이다. du-el, tu-er, affectu-é, sensu-el 등이다. 그러나 duel 은 가끔 한 음절로 사용할 때도 있다.

8) ui 는 한 음절을 형성한다. appui, déduit, construire 등이다. 그러나 ru-ine, ru-iner, bru-ine 는 예외다.

9) iai 는 ni-ais 에서는 두 음절을 형성하고, bi-ais, bi-aiser 에서는 두 음절을 이룰 때도 있고 한 음절을 이룰 때도 있다.

10) ieu 는 일반적으로 두 음절을 형성한다. pi-eux, odi-eux, furi-eux 등이다. 그러나 cieux, dieu, lieu-tenant, mi-lieu, mieux, pieu, é-pieu, essieu, vieux, yeux 에서는 예외적으로 한 음절로 계산한다.

11) oue 는 e 가 l'e fermé 이거나 l'e ouvert 이거나 모두 두 음절로 계산한다. jou-et, lou-é, lou-er 등이다. 그러나 fouet 와 fouetter 는 예외다.

12) oui 는 두 음절을 이룬다. ou-ir, ou-i, jou-ir, jou-i, éblou-ir, éblou-i등이다. 그러나 긍정 대답의 oui 는 예외로 한 음절이다.

13) ian 과 ien 은 같은 발음이며 두 음절을 이룬다. étudi-ant, ri-ant, pati-ent, expéri-ence 등이다. 그러나 viande 는 예외로 한 음절이다.

그런데 ien 이 l'e fermé 에 가까운 발음을 가진 단어들은 일반적으로 한 음절을 이룬다. 이 경우에 단음절 단어가 대부분이다. chien, mien, tien, sien, rien, je tiens, je viens, combien 등이다.

그렇지만 상태, 직업, 국가를 나타내는 명사나 형용사가 ien 으로 끝나면 두 음절을 형성한다. indi-en, grammairi-en, comédi-en, musici-en, histori-en, magici-en 등이다.

14) ion 은 동사일 때 일인칭 복수에서 한 음절로 계산하나, 이 경우에도 r 이나 l 이 다른 자음과 함께 바로 앞에 올 때에는 두 음절로 계산한다. ai-mions, aime-rions, sa-vions, sau-rions 등은 한 음절이나 pro-mettri-ons, voudri-ons, sembli-ons 등은 두 음절이다. 그러나 어미가 ier로 끝나는 동사의 1 인칭 복수에서는 두 음절로 계산한다. étudi-ons

confi-ons, pari-ons, appréci-ons, pri-ons 등이다.

또한 다음과 같은 명사에서는 두 음절로 계산한다. acti-on, création, dicti-on, li-on, nati-on, passi-on, religi-on, uni-on, visi-on 등이다.

15) oin은 항상 한 음절이다. coin, loin, témoin 등이다.

16) ouin도 역시 한 음절을 이룬다. ba-bouin, bara-gouin, mar-souin, tin-touin.

17) uin도 마찬가지로 한 음절을 형성한다. arle-quin, quin-conce, quin-taine, quin-tal, quin-quenal, re-quin 등이다.

이상과 같은 음절의 계산 규칙은 고전 불시에서부터 철저히 준수되어 왔다. 그러나 음절의 계산은 발음을 위주로 하여 발음의 편의상 계산하는 경향도 낭만주의 시인들로부터 생기기 시작했다. 19세기 말에 Edmond Rostand이 고전적인 음절 계산 규칙을 타파하려고 시도했으나 아무런 표본(modèle)도 남기지 못했다. 현대 불시에서도 고전 음절 계산법은 원칙적으로 준수되고 있으나 일부 시인들은 편의상 발음을 위주로 계산하고 있다.

2. 무성 e와 모음자의 생략 (l'e muet et l'élision)

l'e muet는 불시형에서 중요한 역할을 한다. l'e muet가 여성운을 이룰 뿐만 아니라 시행 내에서 조화를 이루는 데 중요한 역할을 한다. l'e가 어떤 경우에는 소리가 나지 않고 생략되나 어떤 경우에는 약한 발음을 하게 된다. 후자의 경우 약한 모음이라고 한다. e가 자음이나 유성 h (h aspiré) 앞에서는 한 음절로 계산하나 모음이나 무성 h (h non aspiré) 앞에서는 음절로 계산하지 않는다. 구체적으로 고찰하면 아래와 같다.

1) 시행 마지막에서 여성운(rime féminine)을 형성하는 경우는 음절로 계산하지 않고 생략한다.

Ta|bleau | trans|for|mabl (e) ||
Au | mo|bi|l (e) é|cran ||
Le | pri|sme | des | fabl (es) ||
Sert | les | qua|tre | sens || (Géo Libbrecht)

2) 시행에서 반구(半句, hémistiche)가 떨어지는 곳에서는 e가 생략된다.

Ta | gran|d (*e*) ai|le | di|vin (*e*) ‖ des | pier|res | du | foyer. [foi | ier] ‖
(H. de Regnier)

3) 전술한 바와 같이 시행 내에서 모음이나 무성 h가 뒤에 올 때 l'e가 생략된다. (명사의 복수에서도 마찬가지다)

Pour | son | splen|di|d (*e*) é|clat,
‖ el|l (*e*) est | fleur | sou|ve|rain (*e*) ‖ (M. Zomacoïs)
La |vi (*e*), | heu|reu|s (*e*) ou | trist (*e*), ‖
est | bel|l (*e*); ac|cep|te|-la ‖ (F. Gregh)

4) l'e가 다른 모음 뒤에 계속되는 경우, 즉 aie, ée, ie, oie, oue, ouie, ue, uie에서는 e가 생략 된다.

Sur | sa | jou (*e*), | en | ri|ant, ‖ el|le es|sui (*e*) | u|ne | larme. ‖ (Racine)

3. 모음충돌 (l'hiatus)

L'hiatus란 용어는 원래 라틴어에서 유래된 것인데, 두 모음의 충돌을 가리킨다. 무성 e가 생략되는 외에 여성 정관사 la의 a가 생략되고 si il이 s'il로 생략된다. 그러나 이와 같이 문법상 생략할 수 없을 때에 모음으로 끝나는 단어 뒤에 모음으로 시작되는 다른 단어가 오는 경우 l'hiatus라고 하며 l'élision과는 대조적인 말이다.

원래 l'hiatus란 말은 불어로 ouverture란 뜻을 가진 말인데 한 모음을 발음하고 다른 모음을 발음할 때 계속해서 입을 열게 된다. 예컨데 Il va à Alger에서 [a]가 세번 중복된다. 같은 모음이 중복되거나 다른 모음이라도 중복되는 경우 듣기에 어색하다. 따라서 고전 불시 규칙에서는 원칙적으로 l'hiatus를 금지했다. 부득이한 경우 이를 허용한다 하더라도 이에 대한 혐오감을 가졌다. 그러므로 고전 시인들은 l'hiatus의 사용을 조심스럽게 피했다.

그러나 다음과 같은 경우 l'hiatus를 허용했다.

1) ah ! eh ! oh ! 등 감탄사 뒤에서:

Oh ! | *la* ! | *oh* ! | des|cen|dez, ‖ que | l'on | ne | vous | le | dise ‖

2) oui와 ouate 등에서와 같이 영어의 w 발음에 해당되는 반자음(半子音) ou뒤에서.

3) 무성 e가 뒤따르는 모음 뒤에서 :

C'est | le | des|tin. ‖ Il | fau|t u|ne | pr*oie* ‖ *au* | tré|pas. ‖

4) 둘째 모음이 유성 h로 시작될 때 :

Fai|re | *hon*|te à | ces | rois ‖ que | le | tra|vail | é|tonne ‖ (Boileau)

주) 여기서 honte à에서 e가 무성이므로 hiatus가 아니다.

5) 첫째 모음이 비음인 경우 :

Nar|ci|sse, | c'*en* | *est* | fait ; ‖ Né|*ron* | *est* | a|mou|reux. ‖ (Racine)

6) 첫째 모음이 발음되지 않는 자음이 따를 때 :

Ren|dre | do|ci|le au | frein ‖ un | cour|*sier* | *in*|dom p|té. ‖ (Racine)

제 2 장 운율 (le rythme)

1. 운율의 정의 및 요소

운율(韻律)은 영어로 rhythm, 불어로 rythme 혹은 rhythme, 독어로 rhythmus, 라틴어로 rhythmus라고 한다. 우리말로는 운율(韻律) 혹은 음율(音律)이라고 한다. 시의 운율을 정의하려면 음절 수의 계수적(係數的) 관계인 음수율(音數律) 뿐만 아니라 율동적 특성을 이루는 음성율(音聲律)과 음위율(音位律)도 고려하지 않으면 안된다. 음율 체계에서는 음율적 특징인 소리의 높낮이, 길이 및 강약이 사용되고 있다. 그러므로 운율의 정의를 내리는데 일반적으로 운율 특징에 의한 음절음조(音節音調) 현상의 기본적 체계를 이루는 음의 강약, 장단 및 고저의 세 가지로 설명할 수 있다. 운율은 물론 그 기본 단위는 음절 분절법(syllabication)에 근거를 두고 있지만 음절 본위의 개념만으로는 불충분하다.

운율에 대한 정의로서 Maurice Gramont은 그의 저서 *Le vers français*에서 "운율은 모든 시형에서 감지할 수 있는 일정한 간격으로 일어나는 악센트의 반복에 의하여 구성된다"(p. 47)고 했다. 이와 같이 일정한 간격으로 반복되는 음군(音群)이나 악센트의 반복으로 운율이 형성된다. 그런데 악센트나 음군의 반복으로 운율을 형성하지만 이러한 관점에서는 산문과 구별할 수 없다. 또한 반복 그 자체만 생각해도 "밤낮의 반복, 계절의 반복 혹은 호흡이나 심장 고동의 반복"(Robert Montal의 *Introduction à la poésie française* p. 152 참조)도 있다. 그러나 이러한 반복들은 자연적이지만 시에서는 인위적이다.

운율을 정의하는데 일반적으로 음의 고저, 장단 및 강약 세 가지 방법을 사용하고 있지만 언어의 특성에 따라서는 어느 한 가지만 사용하는 경우도 있다. 음의 장단 운율은 예컨데 희랍 고전시에 적용되고, 강약 악센트에 의한 운율 체계는 영어시나 독어시에 적합하며, 고저 운율은 중국시에 적합하다. 그러나 이 세 가지 방법은 서로 유기적인 관계가 있으며 이 세 가지 방법을 동시에 사용하여 운율을 설명할 수도 있다. 또한 라틴어에서 파생된 이태리어와 에스파니아어 및 프랑스어의 시는 악쎈트가 약하므로 초기에는 음수율(音數律)에 의한 운율이었으나 최근에는 음의 고저와 강약에 의한 운율도 사용하고 있다. 그러면 세 가지 방법에 따라 운율을 분석하여 보기로 하자.

1) 음의 장단 (la durée du son)에 의한 운율

오늘날 많은 운율학자들은 시에서 각 시행의 음절의 장단으로 운율을 규정하려는 움직임이 활발하다. 각 음절마다 음의 장단은 한결같지 않다. 그리고 강한 악쎈트가 오는 음절이라든가 중간휴지 (la césure)가 오는 음절은 장음이다. George Lote는 최근 언어실험을 통하여 Racine의 12음절 시행의 각 음절의 장단을 초(秒)의 백분율(百分率)로 나타낸 숫자로 표시했는 바 각 음절의 길이는 다음과 같다. (*Introduction à la poésie française*, p. 155 참조)

Le jour n'est pas plus pur que le fond de mon cœur
27 **64** 18 24 16 **60** 15 16 **50** 10 18 **51**

그런데 여기에서 하나 특기할 사실은 12행 규칙시인 alexandrin이기 때문에 각 음의 길이는 각 음의 특성에 좌우되지 않고 시행에서의 각 음의 위치에 관계된다는 사실이다. 그러므로 위의 시행에서 단어의 순서를 바꿔도 그 결과는 마찬가지라는 사실이다.

Plus pur n'est pas le jour que mon cœur n'a de fond
27 **64** 18 24 16 **60** 15 16 **50** 10 18 **51**

Le fond n'a pas de jour que plus pur est mon cœur
27 **64** 18 24 16 **60** 15 16 **50** 10 18 **51**

위의 각 시행은 2—4 / 3—3의 율격(律格)을 이루고 있다. 즉 둘째, 여

셋째, 아홉째 및 마지막 음절이 각각 장음이다.

또한 Maurice Gramont이 분석한 Racine의 *Iphigénie*의 시행의 예를 들어보자.

Heureux qui satisfait de son humble fortune
23 86 26 25 24 **66** 25 24 **53** 23 24 **77**

Libre du joug superbe où je suis attaché
100 25 18 19 15 **68** 19 19 **59** 19 18 **73**

Vit dans l'état obscur où les dieux l'ont caché
21 13 13 53 25 **120** 15 18 **71** 23 23 **84**

위의 시행도 네 곳에 장음을 가졌으며 장음에 의하여 4개의 음군으로 분리된다. 각 음절군은 모두 장음과 악센트가 있는 음절로 끝난다.

음절의 장단에 의하여 이루어지는 율격의 기본형 중에 장장단격(dactycle,— —u), 단단장격(anapeste, uu—), 장장격(spondée,— —), 장단격(trochée, —u) 및 단장격(ïambe, u—)을 들 수 있다. (*Indroduction à la poésie française,* p. 106 참조).

2) 음의 강약 악센트(l'accentuation du son)에 의한 운율

많은 운율학자와 시인들은 시에서 운율이 악센트에 의하여 구성된다고 주장하고 있다. Luchien Paul Thomas도 "운율이 음절수에 의하여 구성된다는 것은 지엽적인 사실에 불과하고, 시에서 운율의 가장 기초적인 요소는 바로 악센트이다" (*Le vers moderne,* p. 41)하고 말했다. 이와 같이 운율은 악센트를 가진 음절의 반복에서 이루어진다. 강음을 가진 음절과 약음을 가진 음절이 규칙적으로 계속 반복함으로써 이루어지는 운율은 시에서 가장 중요한 요소 중에 하나다. Ackermann이 악센트에 의해서 운율을 분석한 다음 시행을 살펴보자(*Le vers moderne,* p. 41 참조).

Venge les oprimés sur la tête des lois
—u u uu— u u —u u —

Celui qui met un frein à la fumeur des flots
u— u u u — u u u— u —

첫 행은 1—5, 3—3율격으로, 둘째 행은 2—4, 4—2율격으로 운율을 이루고 있으며 각 시행마다 네번씩 악센트가 들어 4율격의 운율을 이루어

조화를 이루고 있다.

3) 음의 고저에 의한 운율

운율이 음의 고저에 의하여 결정된다고 André Spire는 강조했다. 물론 음의 고저나 억양 등은 운율을 형성하는 데 보조적인 역할을 하고 있으나 음의 악센트와 장단보다는 구별하기 어렵다. 역시 Maurice Gramont도 Racine의 *Iphigénie*의 시행을 음의 고저에 의하여 다음과 같이 운율을 분석했다. 시행 밑의 숫자는 각 음절의 고저를 표시한 것이다. (*Le vers français*, p. 86~87 참조).

Heureux qui satisfait de son humble fortune
6 **21** 4 3 7 **12** 3 4 **13** 4 3 **12**

Libre du joug superbe ou je suis attaché
41 4 3 5 8 **16** 3 3 **11** 3 6 **13**

위의 각 시행은 모두 4개의 강한 음절을 가지고 있으며 조화로운 **4**음율격(四音律格)의 운율을 이루고 있다. 각 율격을 이루는 음절수는 1음절부터 5음절까지 다양하게 (2—4 / 3—3 // 1—5 / 3—3) 구성되어 있다.

2. 운율의 중간 휴지(la césure)

1) 중간 휴지의 개념

중간 휴지(la césure)는 운율에서 중요한 역할을 하며, 문법상으로나 의미에 따라 시행이 두 부분 혹은 세 부분으로 절단(切斷)되는 위치를 말한다. césure란 원래 라틴어에서 유래되었으며 coupure(절단)란 뜻을 가지고 있다. césure는 항상 악센트 뒤에 오며 문법상 분리가 불가능한 곳에 와서는 안된다.

고전시인들은 alexandrin에서 césure로 항상 시행을 이등분(二等分)했다. 환언하면 hémistiche(半句, 2등분된 시행의 두 부분을 각각 hémistiche라고 한다)와 césure가 같은 장소에 있다. 그러나 양자는 구별하여야 한다. césure가 hémistiche는 될 수 있으나, hémistiche가 반드시 césure가 되지는 않는다. 아래와 같이 Boileau의 alexandrin은 césure와 hémistiche가 일치하나, Coupée와 Moréas의 alexandrin은 그렇지 않다.

Que | tou|jours | dans | vos | vers ‖ le | sens | cou|pant | les | mots ‖
(6+6)
Sus|pen|de | l'hé|mis|tich (e), ‖ en | mar|que | le | re|pos. ‖
(6+6) (Boileau)
Dans | le | si|lenc (e) ‖ et | dans | la | paix ‖ de | la | nuit | bleue ‖
(4+4+4)
El|le | chan|tait ‖ lan|gui|ssa|ment ‖ u|ne | ro|manc (e) ‖
(4+4+4) (Moréas)

이와 같이 césure의 위치를 변화시킨 경향은 낭만주의에 접어들어 특히 Victor Hugo 이후부터였다. 각 시행 중간에 위치하는 césure médiane가 alexandrin에서는 주로 사용되었지만, 위에서와 같이 3음율시행 (trimètre)이 가끔 눈에 띄었다. 또한 octosyllabe(8음절 시)에서 césure의 위치는 예외적으로 한결같지 않다. décasyllabe(10음절 시)에서도 césure는 일반적으로 4음절 후에 오지만 19세기부터는 6음절 뒤에 혹은 5음절 후에 온다. 희귀하게 사용되는 13음절 시행에서는 한개 내지 두개의 césure를 가지고 있으며, 물론 césure의 위치가 hemistiche의 위치는 아니다. 그런데 시행 내에서 césure의 위치를 다른 말로 repos intérieur라고 하며 rime의 위치를 repos final이라고 한다.

2) **중간 휴지의 약화** (l'affaiblissement de la césure)

전술한 바와 같이 césure는 의미에 따라 강한 accent 다음의 휴지를 말한다. 그러므로 의미상으로나 문법적인 면에 비추어 분명히 분리할 수 있어야 한다. 그러나 가끔 어떤 시인들은 의미상으로나 문법적인 성격을 무시하고 césure를 오게 함으로써 césure를 약화시킨다. césure를 약화시키는 경우는 다음과 같다.

(가) 생략되지 않은 무성〈e〉 위애 césure가 오는 경우 :

Helas ! ma tendress*e* ‖ déplaît à cet ingrat.

명사의 복수 즉 tendress*es*나 ent로 끝나는 동사 (Ils aim*ent* 등)도 이 경우에 해당한다.

Amis infidèl*es* ‖ qui m'avez oublié.
De nous ils s'éloig*nent* ‖ quand le malheure arrive.

(나) 관사나 형용사가 césure로 명사와 분리된 경우 :

Je ne vous fais pas *des* ‖ *reproches* mal fondés.
On vante les *exploits* ‖ *fameux* du grand Pompée.
Cette troupe, au *premier* ‖ *chocs,* fut épouvantée.

그러나 명사 뒤에 두 개 이상 형용사가 계속될 때는 무방하다. 왜냐 하면 이 경우에는 약간 쉬어도 무방하기 때문이다.

Septembre ouvrit un *long* ‖ *et vaste assassinat.*
Couvert d'un *bouclier* ‖ *immense, impénétrable.*
Morbleu ! c'est une *chose* ‖ *indigne, lâche, infâme.*

또한 수식어가 시행 끝까지 계속될 때도 무방하다.

Nous accusons le *sort* ‖ *contraire à nos désirs.*
On jugera sa *conduite* ‖ *indigne de pardon.*
Vois le pale *envieux* ‖ *abreuvé de son fiel.*

(다) 인칭대명사와 동사를 césure 로 분리하는 경우, 이 경우 인칭대명사는 동사의 주어이거나 목적보어이다 :

Je me flatte que *vous* ‖ *serez* content de moi.
Songeons que la mort *nous* ‖ *surprendra* tôt ou tard.
Vous auriez dû le *lui* ‖ *dire* sans hésiter.

(라) césure 가 관계대명사 뒤에 오는 경우 :

Il faut fuir les gens *qui* ‖ *s'abandonnent* au vice.
Craignez la femme *dont* ‖ *la langue* est médisante.

(마) 전치사와 전치사보어가 césure 로 분리되는 경우 :

Il court au temple *pour* ‖ entendre le sermon.
Rome succomba *sous* ‖ *les efforts* des barbares.
Adieu, je m'en vais *à* ‖ *Paris* pour mes affaires.

그러나 두 음절 이상의 전치사가 hémistiche(반구)에 오고 전치사보어가 다른 반구를 채울 때는 허용된다.

Je me jette *au devant* | *du coup* qui t'assassine. (Corneille)
J'y suis encor *malgré* ‖ *tes infidélités.* (Racine)

(바) 단음절인 부사와 이 부사의 수식을 받는 형용사나 부사보어가 césure로 분리되는 경우 :

L'orgueilleux n'est pas *bien*|*facile* à contenter.
Dès l'instant qu'il n'a *plus*‖*d'espoir,* l'amour expire.

(사) 단음절인 접속사와 접속사보어나 접속절의 주어가 césure로 분리될 때 :

Il ne connaissait *ni*‖*son père,* ni sa mère.
L'oiseau s'échappa, *car*‖*la cage* était ouverte.

그러나 이 경우 접속사가 여러 음절로 구성된 경우에는 전치사의 경우와 마찬가지로 허용된다.

Ah ! malheureux, *combien*‖*j'en ai déjà perdus !*
(Racine)
Qui m'a trahi ? *Pourquoi*‖*ne suis je point vengé ?*
(Racine)

(아) être동사와 주어속사 사이에 césure가 올 때나 조동사와 과거분사 사이에 césure가 올 때 :

Veuillez, car la chair *est*‖*faible* et le diable est fort ;
Nul menteur ne *sera*‖*cru,* même en disant vrai ;

(자) 의미상 분리할 수 없는 두 동사 사이에 césure가 오거나 혹은 동사구나 숙어 사이에 césure가 올 경우 :

Le sot, de *s'écouter*‖*parler* à la manie ;
On lui fera *payer*‖*cher* cette défiance ;
Le général d'un *coup*‖*d'oeil* jugeant le danger.

3. 유동 accent와 율격(律格)

우리는 전항에서 alexandrin에 두 개의 고정 accent(césure와 rime)가 있다는 것을 고찰했다. 이처럼 시행을 2등분한 각 hémistiche에서는 유동 accent (l'accent mobile)가 존재한다. 그 분포는 2음절에서 4음절 다음에 하나씩 오게 된다. 어떤 시행을 율격(律格)으로 나누는 데

에는 단지 음절을 계산할 뿐만 아니라, accent에 따라 율격으로 나누면서 분절(分節)하는 것이다. 운율을 형성하기 위해서는 accent이 있는 음절과 accent이 없는 음절을 결합하여 한 음절에서 여섯 음절까지의 율격을 이루고, 이 율격의 반복 작용이 운율을 형성한다.

2 4 4 2
Cet *hom*|me marchait *pur* ‖ loin des sen*tiers* | obli*ques*, (2—4/4—2)
2 4 2 4
Vê*tu* | de probi*té* ‖ can*dide* | et de lin *blanc*; (2—4/2—4)
3 3 2 4
Et, tou*jours* | du cô*té* ‖ des *pau*|vres ruisse*lant*, (3—3/2—4)
4 2 3 3
Ses sacs de *grains* | sem*blaient* ‖ des fon*tai* |nes pu*bliques*. (4—2/3—3)
(Hugo)

위의 네 시행에서 보는 바와 같이 6음절로 2등분된 각 반구에서는 유동 악센트에 따라 다채로운 율격을 보여 주고 있다. 각 시행 위에 표시한 숫자는 율격을 표시한 음절 수를 나타낸 것이고, 이탤릭체 부분은 악센트가 있는 부분이다. 또한 종선을 하나 그은 부분이 유동 악센트가 있는 부분이며 종선을 둘 그은 부분이 고정 악센트가 있는 부분이다. 오른쪽에 표시한 숫자는 율격의 구성을 숫자로 표시한 것이다. 즉 각 시행들은 2—4 / 4—2 조(調)의 율격, 2—4 / 2—4 조의 율격, 3—3 / 2—4 조의 율격, 4—2 / 3—3조의 율격을 다채롭게 형성하고 있다. 이처럼 4개의 악센트를 가지고 네 부분으로 분리되는 시행을 4운율시행(四韻律詩行, tétramètre)이라고 한다. 그리고 각 부분은 음절수와는 관계없이 발음하는데, 소요 시간은 동일하다. 그러므로 각 율격을 이루는 음절수가 적으면 더 길게 발음되며 반대로 음절 수가 많으면 짧게 발음해야 한다.

그런데 유동 악센트가 가끔 각 반구의 첫째 음절이나 다섯째 음절에 오는 수도 있다. 이러한 경우는 극히 드물며 물론 조화를 덜 이루게 된다.

2 4 1 5
Pend*ant* | qu'il sommeill*ait* ‖ *Ruth,* | une Moa*bite*... (2—4／1—5)
2 4 1 5
Sembl*ait* | le bâille*ment* | *noir* | de l'éterni*té*. (2—4／1—5)
5 1 3 3
Dans le tourbil*lon* | libre ‖ et fuy*ant* | des nu*ées* (5—1／3—3)

5 1 4 2
L'apparition | *prit* ‖ un brin de *paille* | et *dit.* (5—1／4—2) (Hugo)

그리고 어떤 반구에서는 유동 악센트 두 개가 있는 경우도 있으며 없는 경우도 있다.

2 2 2 3 3
Des *eaux*, | des *monts*, | des *bois*, ‖ de la *terre* | et des *cieux*.
(2—2—2／3—3)

6 3 3
La respirati*on* | de Bo*oz* | qui dorm*ait* (6／3—3) (Hugo)

불시에서는 호흡 관계상 8음절 시에서 12음절 시가 제일 많으며 그 중에서도 12음절 시 (alexandrin)를 제일 많이 사용하고 있다. 시행은 물론 단음절 시행에서 16음절 시행까지 있다. 12음절 이상 시행을 잘 사용하지 않는 이유는 12음절 이상은 우리의 호흡이 부자연스럽기 때문이다. (*Introduction à la poésie*, p. 114 참조). 우리의 호흡은 1분간에 18번 하게 되며 호흡할 때마다 3초 내지 4초가 소요되며 이 4초가 바로 12음절을 읽는데 소요되는 시간이다.

décasyllabe(10음절 시)에서는 일반적으로 고정 악센트 이외에 각 césure에 보통 하나의 유동 accent를 지닌다.

Chi*en* | ne splend*ide* ‖ é*car*te ido*lâtre !* (2—3／2—3) (Valéry)

octosyllabe(8음절 시)는 고정 accent 외에 하나에서 셋까지 유동 accent를 갖는다.

Écout*ez* | la chans*on* | bien d*ouce* (3—3—2) (Verlaine).

8음절 미만의 시는 시행에 따라 고정 accent 이외에 하나에서 세 개의 유동 accent이 있으며, 경우에 따라서는 마지막 운을 이루는 고정 accent 이외에는 없는 것도 있다.

4. 척치(擲置, l'enjambement ou rejet)

낭만주의 시인들은 césure에서 accent만을 약화시킨 것은 아니다. 그들은 운에서도 césure에서와 마찬가지로 accent을 약화시켰다. L'enjambement은 의미상으로나 문법상으로 한 시행에서 완전히 끝마치지 못하고 다음 시행에 연결되는 경우를 말한다. 고전 시인들은 시행 마지막에 오는 운(韻)을 대단히 중요시하였으며, 매 시행이 끝날 때 의미상으로나 문법상으로 완성하는 것을 원칙으로 삼고 있다.

l'enjambement이 있음으로써 시행 마지막에 반드시 필요한 accent이 약해지므로 고전불시에서는 엄격히 기피해 왔다. l'enjambement을 이루는 경우는 l'affaiblissement de la césure (가. 는 제외)와 동일하다. l'enjambement의 현상은 중세기나 무훈시인 chanson de Geste에서는 그 예를 찾아볼 수 없다. 그러다가 16세기부터 François Villon 등 일부 시인들이 서정시에서 l'enjambement을 사용했으며 Marot나 Pléiade파 시인들은 고대시에서 절대적으로 배격했던 décasyllabe에서까지 사용했으며, Ronsard 등 일부 시인들은 alexandrin에서 빈번히 사용했다. 그후 17세기에 접어들면서 Malherbe는 l'enjambement이 운율을 본질적으로 파괴한다는 이유로 사용을 금지했으며, Boileau는 그의 *L'Art Poétique*에서 다시 l'enjambement의 사용을 금지하는 규칙을 만들었다. 그후 Andrée Chénier를 선두로 낭만주의 시인들이 엄격한 고전 규칙의 멍에에서 벗어나야 한다는 이유로 l'enjambement을 폭넓게 사용했다. l'enjambement 현상은 운율을 약화시키므로 현재도 그 사용을 기피하고 있으며 고전주의의 규칙으로는 엄격히 제한하고 있다. l'enjambement 현상의 예는 다음과 같다.

Mais son devoir était de les sauver, *afin*
de pouvoir leur apprendre à bien souffrir la faim, (Vigny)
Il va falloir qu'enfin se rejoignent *les*
sept péchés aux trois vertus Théologales (Verlaine)

위에서 보는 바와 같이 afin de pouvoir와 les sept péchés는 문법상으로나 의미상으로 분리할 수 없다. 더구나 시에서는 accent을 약화시키는 것은 말할 필요도 없다. 만일 시에 운이 없다면 산문과 다를바 없으며 accent 없는 운은 생각할 수도 없다. 그러므로 아무리 자유시와 산문시가 판을 치고 있는 현재에도 l'enjambement은 가급적 피하고 있다.

제 3 장 운(韻 la rime)

1. 운의 개념과 형성

불시형에서는 운과 운율의 형태에 따라 규칙시 내지 정형시와 자유시 내지 산문시가 있다. 전자는 시행의 수와 시행의 음절 수를 일정하게 유지하면서 일정한 운과 운율을 지켜야 한다. 그러므로 시형에서 운은 운율과 더불어 중요한 위치를 차지한다. 불시에서 운의 개념은 각운(脚韻)의 압운(押韻)이라고 할 수 있다. 운을 영어로는 rhyme 혹은 end-rhyme이라고 부르며, 독어로는 reim이라고 일컫고, 불어로는 일반적으로 각운을 rime이라고 총칭한다. 우리 나라에서는 광의적으로 운 혹은 압운이라고 부른다.

운이란 음의 반향에서 생기는 듣기 좋은 음조(音調)로서 독자에게 청각적인 쾌감을 주게 된다. 시에서 운이란 그림에서 색채와 음악에서 음색과 같은 역할을 한다. 따라서 미적(美的) 감각을 운율의 조화와 운의 음조에서 찾는 것은 당연하며, 운은 시에서 조화를 이루는 청각적 미(美)의 본질이라고 할 수 있다. 운은 청각에 호소하는 음조의 통일과 조응(照應)에서 그 특징을 찾아볼 수 있다. 그러므로 동일한 음이 시행 마지막에서 규칙적으로 반복될 때 각운이 성립되는 것이다.

Ph. Martinon에 의하면 "각운은 서로 조응(照應)을 이루는 두 시행이나 여러 시행의 마지막 음절에서 생기는 음의 통일이다. 환언하면 시행 최종 음절의 동음과 이 모음에 따르는 음의 통일이다" (*Dictionnaire des rimes,* p. 42 참조)라고 말했다. 또한 Robert Montal도 말하기를 "각운은 둘이나 여러 시행 마지막에 오는 강한 음절의 모음(혹은 2중모음)과 자음의 동음"이라고 말했다. (*Introduction à la poésie française,* p. 183 참조).

이와 같이 시행 마지막 음절에서 각운을 형성하는 모음의 동음 뿐만 아니라 자음까지 동음을 이루어야 완전한 각운이 성립되는 것이다. 그러므로 동일한 음의 규칙적인 반복 현상이 연속적으로 시행 말미에 배치될 때 각운이 성립된다. 이리하여 시작(詩作) 과정에서 시어의 선택, 시행 마지막의 음의 결합과 대조 등 질서를 유지해야 하므로, 시행에서 각운은 예술적 가치가 높을 뿐 아니라 기억(記憶)의 유지의 공리적(功利的) 가치가 높다.

시의 운은 9세기부터 12세기까지 중세 라틴시와 불시에서 사용한 모음운(assonance)에서 시작되었다. Gramont의 주장에 따르면 "프랑스의 가장 오래된 고대시는 운이 없었고 단지 모음운 밖에 없었다" (*Petit traité de la versification française,* p. 30 참조)고 말했다. 당시에는 시행 마지막 음절에 같은 모음이 오는 것으로 충분하다고 생각했다. 그러나 이러한 모음운에는 다른 자음이 올 수도 있으므로 실제적으로 동음(同音)이 되지 않으나 이에 개의치 않았다. 이와 같이 각운은 불완전한 음의 일치에서 유래되었으나 그 역할은 시행이 끝났음을 알려주고, 또 다른 시행이 시작됨을 알려줌으로써 산문과 구분된다.

이리하여 "12세기부터는 시형에 대한 연구를 더욱 더 깊게 하여 시행 끝에 막연한 모음의 동음만으로는 만족하지 못하게 되었다. 그래서 강한 마지막 음절의 동음 뿐만 아니라 동시에 이 음절에 따르는 모든 음의 동음, 즉 운을 요구하게 되었다" (*Petit traité de la versification française,* p. 31). 이때부터 각운은 더욱 다양화되었으며 머리운(allitération)과 더불어 압운의 중심을 이루기 시작했다. 13세기에 프랑스의 북방어(北方語, langue d'oïl) 시인인 trouvères (Loire강 이북에서는 북방어를 사용했으며 북방어를 사용한 음유시인(吟遊詩人)들을 말함)와 남방어(南方語, langue d'oc) 시인인 trouvadours (Loire강 이남 남방어를 사용한 음유시인)들이 모음운을 많이 사용했으며, 특히 남부 음유시인들은 남성운과 여성운을 교차시킨 교차운(les rimes croisées)와 혼합운(les rimes mêlées)을 사용했다. Renaissance를 전후하여 시에서 모든 재능을 기울여 압운을 발전시켰으며, 청각적으로나 시각적으로 미적 효과를 노린 조형(造形)적 작품을 쓴 시인들이 많았다. 그후 운은 철자를 중요시하는 시각적인 면에서 음을 중요시하는 청각적인 요소로 발전되었다.

그러므로 오늘날 각운은 각 시행을 구별하기 때문에 시에서 불가결한 요소로 되어 있다. 각운이 없으면 시의 형태를 구별할 수 없으며 시행과 시행의 위치를 분간할 수 없다. 각운이 없는 시를 종이 위에 써서 읽게 되면 시행을 구별할 수 있지만, 만일 각운이 없는 시를 낭독한다면 시행을 구별하지 못할 것이다. 그러므로 각운은 시행 마지막에 휴지(休止)와 동음의 음조(音調)에 의한 청각적인 미를 위한 것이다. "각운은 1군의 운율의 완성을 귀에 알려주고, 다른 운율군(韻律群)이 올 것을 예고하여 준다. 둘째번의 각운이 들리지 않아도 마음 속에 기대하게 된다. 각운이 들리자마자 조화를 이루는 완전한 모든 결합으로부터 발생하는 만족감을 갖게 된다" (*Le vers français,* p. 36).

2. 운의 분류

1) 남성운(la rime masculine)과 여성운(la rime féminine)

운을 그 형태상으로 각운을 위시하여, 머리운, 자음운, 모음운 등으로 구별할 수 있다. 그런데 다른 한편으로 각운 중에서 남성운과 여성운이 있다. 남성운은 시행 마지막에 accent이 있고 무성〈e〉로 끝나지 않는 각운(예 : parfait — portrait)을 말한다. 여성운은 시행 마지막이 무성〈e〉로 끝나며 그 직천에 accent이 붙고 동음을 이루는 각운(예 : père — mère)을 말한다. 남성운은 마지막 음절이 강한 accent으로 끝나지만 여성운은 마지막 음절의 무성〈e〉가 약하게 발음되므로, 이 두 종류의 각운을 잘 배치 함으로써 각운의 조화를 형성한다. 만일 모든 시행이 전부 같은 accent과 같은 음으로 끝나는 남성운이나 여성운으로 끝나면 불쾌하고 단조로운 인상을 면치 못할 것이다. (*Petit traité de la versification française,* p. 31 참조). 아래 시행들은 남성운과 여성운을 두개씩 교체시킨 것이다.

Par cette fin terrible et due à ses forf*aits,* (*m*)
Apprenez, roi des juifs, et n'oubliez jam*ais* (*m*)
Que les rois dans le ciel ont un juge sév*ère* (*f*)
L'innocence un vengeur et l'orphelin un p*ère* (*f*) (Racine)

각운의 단조로움을 피하기 위하여 불시에서는 15세기부터 많은 시인들이 남성운과 여성운을 규칙적으로 교체시켰으며, 16세기부터 정식으로 규칙을 만들기 시작했다. 이리하여 각운의 교체가 다양하게 이루어졌으며, 고전불시 규칙에서 중요한 위치를 차지하고 금일에 이르게 되었다. 각운에 대한 규칙을 철저히 지키려는 경향과 다소 완화시키려는 경향이 불시사상 항상 대립하여 왔다. 즉 고전주의와 고답파는 전자에 속했고, 낭만주의와 상징주의는 후자에 속했다.

주 1. Romains Chennevière 등 많은 언어학자들은 que tu ai*es,* qu'elles soi*ent,* ris*ée,* aven*ue,* so*ie,* plu*ie,* am*ie,* pla*ie* 등과 accent이 있는 모음 뒤에 자음을 중계하지 않고 바로 무성 e (이에 준하는 es, ent도 포함)가 오는 경우는 고전불시 규칙과 달리 남성운이라고 주장했다.

주 2. Gob는 시에서 여성운과 남성운으로 구별할 것이 아니라 모음운(la rime en vocalique, = gr*is* — prair*ie,* aim*er* — plant*ée* 등)과 자음운 (la rime consonantique = f*er* — f*aire,* f*ort* — aur*ore* 등)으로 구별하는 것이 더 논리적이라고 평가했다. 만일 b*ois*(남)—j*oie*(여)—v*oix*(남)—pr*oie*(여) 이 처럼 남성운과 여성운을 교체시켰다면 실제적으로 별 의의가 없을 것이다.

주 3. 또한 Maurice Gramont은 진정한 여성운을 자음 발음 (예 :

retour, air, mousti*que* 등)으로 끝내야 하며, 남성운은 모음(ami*e*, idé*e*, acn*e* 등)으로 끝내야 한다고 생각했다. 이리하여 Verlaine의 다음 시의 절은 고전 규칙을 무시하고 발음을 위주로 압운(押韻)한 예다.

La lune à l'écrivain pub*lic*
Dispense sa lumière obsc*ure*
Où Médor avec Angé*lique*
Verdissent sur le pauvre m*ur*

또한 아래 4행시처럼 시각적으로 남성운과 여성운이 뚜렷이 구별되지만 실제 발음상으로는 아무런 차이가 없는, 아래 시의 예를 볼 때 최근 언어학자들의 주장이 상당히 논리적임을 알 수 있을 것이다.

Déjà, les oiseaux s'étaient t*us* (*m*)
Et la nuit, bientôt, est ven*ue* (*f*)
On n'entendait plus dans la r*ue* (*f*)
Qu'un bruit de pas triste et conf*us* (*m*)

2) 운의 풍부성(la richesse de la rime)

운은 시행 마지막에서 서로 다른 종류를 규칙적으로 교체시킴으로써 운율에 조화를 이룬다. 그러므로 운의 발음이 분명하여 서로 뚜렷하게 구별할 수 있어야 한다. 운을 서로 잘 구별하기 위하여 동음(同音) 부분이 충분해야 할 것이다. 따라서 각운의 동음 부분의 양에 따라 그 종류를 구별하면 다음과 같다.

(가) 빈약운(la rime pauvre)

빈약운은 시행 마지막 음절에서 모음만 동음을 이루는 것을 말한다. 단순히 모음의 동음 현상이며, accent이 있는 마지막 모음만을 각운에 응화(應和)시키는 압운이다. 각운을 형성하는데 중요한 기간자음(基幹子音, consonne d'appui)이 이음(異音)이고 모음 다음에 자음이 없거나 무성이기 때문에 이러한 각운을 빈약운이라고 한다. 예를 들면 다음과 같은 운을 말한다.

am*i* — jeud*i*, jet*é* — mêl*é*, d*os* — gr*os*, rav*ie* — honn*ie*

위에서 gr*os*-d*os*, rav*ie*-honn*ie*와 같이 무성 s나 e는 고려의 대상이 되지 않으며 운의 질(質)을 전혀 향상시키지 못한다.

그리고 19세기 말까지는 서로 틀리는 무성 자음이 오는 다음과 같은 운을 각운으로 생각하지 않았으나, 20세기에 접어들면서부터는 당연히 운으로 간주한다. 그 이유는 운이 시각을 위한 것이 아니고 청각을 위한 것이기 때문이다.

n*id* — rav*i*, v*u* — l*us*, gr*os* — domin*o*,

(나) 충족운(la rime suffisante)

각운을 이루는 모음 외에 이 모음을 전후하여 자음이 동음을 이루는 각운을 말한다. 운을 이루는 두 요소가 동음으로서 기간자음과 모음이 동음이거나 모음 뒤에 오는 유성 자음이 동음을 이루는 현상을 말한다.

bon*té*—chari*té*, s*oir*—esp*oir*, monot*one*—aném*one*, lan*cée*—per*cée*.

(다) 풍부운(la rime riche)

각운을 이루는 음절을 전후하여 음의 세 요소가 동음을 이룰 때, 즉 한 모음과 두 자음이 동음이거나 한 자음과 두 모음이 동음을 이루는 각운을 말한다. 풍부운은 동음 현상이 양적으로 풍부하며 뚜렷하게 발음될 뿐 아니라, 각운에 응화(應和)시키는 음의 양을 증가시키는 각운이다.

soir — as*soir*, *arrose* — *rose*(한 모음과 두 자음이 동음일 경우)
chari*té* — probi*té*, l*ancée* — t*ancée*(한 자음과 두 모음이 동음일 경우)

(라) 필요 이상의 운(la rime superflue ou léonine)

운을 이루는 음절을 중심으로 음의 요소가 네개 이상 동음을 이루는 각운을 말한다. 시행 마지막 음절 뿐만 아니라 그 전음절까지 동음을 이루게 되므로 필요 이상의 동음 현상이 생긴다. 이 운을 일명 〈대단히 풍부한 운(la rime très riche)〉이라고도 한다.

n*atal* — f*atal*.

주 1. 운의 풍부성에 의하여 분류하는 방법은 위의 방법을 사용하는 것을 규칙으로 삼고 있다. 그런데 운을 형성하는 데 무엇보다도 기간자음(consonne d'appui)이 중요하다. 그러므로 Jacque Gob와 Henri Bénac 등 일부 운율학자들은 ba*nir*—fi*nir*(세 요소 동음)은 물론 풍부운을 형성하지만 car*net* — con*nais*, je*té* — ô*té* 도 기간자음이 같으므로 풍부운을 형성한다고 주장하고 있다.

주 2. 한편 운을 다르게 분류하는 방법으로서, 운의 형태에 따라 분류하

면 각운을 비롯하여 머리운, 모운(母韻), 자운(子韻)으로 구별할 수 있다.

3. 각운의 규칙

1) 각운과 철자

운은 발생 당시 12세기부터 다른 시행과 구별하기 위하여 청각적인 요소를 중요시하는 모운(assonance)에서 출발했다. 각운은 무엇보다도 먼저 마지막 음절을 전후하여 동음을 이루어야 하므로 청각적인 요소가 중요하다. 그러나 16세기에 접어들면서 인쇄술의 발달로 시각적인 요소를 중요시하는 경향도 없지 않았다. 즉 각운에서 동음 뿐만 아니라 철자까지 동일해야 한다는 것이다. 운에서 다른 단어로서 같은 철자와 동음을 이룬다는 것은 실제적으로 너무나 무리한 일이다. 그러나 운의 근본 취지로 보나 운에서 청각적인 요소의 중요성을 볼 때 철자까지 동일해야 할 이유는 없는 것이다. 그러므로 운에서 철자는 완전히 무시하고 동음만 고려대상에 넣게 되었다. 따라서 다음과 같은 경우는 비난할 수 없는 운을 형성한다.

rép*and* — aut*ant*, ran*gé* — oran*ger*, aî*né* — *nez*, *sein* — *seing*,
b*ani* — *nid*, ess*or* — ress*ort*, *cou* — *coup*, *cour* — *cours*, *court* 등.

일반적으로 같은 발음이 나는 철자의 예를 들면 다음과 같다.

(가) c, g, k 및 q : fran*c* — ran*g*, blo*c* — lo*k*, bou*g* — jou*g* 등
(나) d 와 t : alleman*d*—aman*t*, perd—ser*t* 등
(다) f 와 ph : ne*f* — Jose*ph* 등
(라) m 와 n : fai*m* — fi*n*, thy*m* — tai*n*, parfu*m* — commu*n* 등
(마) s 와 x : épai*s* — pai*x*, épri*s* — pri*x*, repo*s* — ripeau*x* 등
(바) s 와 z : lassé*s* — asse*z*, affidé*s* — décide*z* 등

또한 각운에서 기간자음(consonne d'appui)이 모음 다음에 오는 무성자음보다 훨씬 더 중요하다는 것을 다음 예로 알 수 있다.

sang 은 r*ang* 보다 puiss*ant* 이 더 운이 잘 맞으며, per*san* 은 rom*an* 보다 pui*ssant* 이 더 운이 잘 맞으며, aujour*d'hui* 는 enn*ui* 보다 con*duit* 와 운이 더 잘 맞는다. 우리는 이 예에서 운에서 철자보다 동음이 더 중요하다는 사실을 알게 될 것이다.

2) 같은 철자라도 각운이 불가능한 경우.

같은 철자의 단어라도 다른 발음이 나는 단어끼리는 운을 형성할 수 없다. 즉 le cou*vent* 과 ils cou*vent* 는 운이 성립되지 않는다. 같은 철자를 이루지만 다음과 같은 경우는 각운을 이룰 수 없다.

(가) 장모음과 단모음은 각운을 이루지 못하며, 간혹 사용하더라도 결함운(la rime défectueuse)으로서 이를 배격하고 있다.

préf*ace* — gr*âce*, b*alle* — r*âle*, par*ole* — r*ole*, bl*ame*—l*ame*.

(나) 어미가 <er>로 끝나는 단어 중 하나는 열린 e (l'e ouvert)로 끝나고 하나는 닫힌 e (l'e fermé)로 끝나는 것은 운을 이루지 못한다.

avanc*er*—canc*er*, greff*er*—f*er*, ramen*er*—m*er*, arriv*er*—hiv*er* 등

(다) 발음되는 자음과 발음되지 않는 자음은 서로 각운을 이루지 못한다.

gent*il* — pist*il*, fus*il* — alguaz*il*.

(라) 습음(濕音)의 ille 와 발음되는 ille 는 서로 각운을 이룰 수 없다.

fam*ille* — m*ille*.

3) 같은 단어의 운

각운은 같은 단어로 만들어서는 안된다. 어미의 각운은 같은 소리가 나는 다른 두 단어를 연결하는 것이기 때문에 같은 단어로 각운을 이루는 것은 우스꽝스러운 일이다.

Les chefs et les soldats ne se connaissent *plus ;*
L'un ne peut commander, l'autre n'obéit *plus.*

각운에서 청각적으로는 동음을 요구하지만 심리적으로는 다른 뜻을 요구하기 때문에 위에서와 같이 발음상으로나 의미상으로나 사용 방법이 완전히 동일할 때는 압운(押韻)하지 않는 것을 규칙으로 삼고 있다. 그러나 같은 단어일지라도 의미상으로나 사용 방법이 서로 틀릴 때는 각운이 형성 된다.

Les accomdements ne font rien en ce *point*
Les affronts à l'honneur ne se préparent *point* (Corneille)
A tous ces beaux discours j'étais comme une *pierre,*
Ou comme la Statue est au Festin de *Pierre* (Boileau)

위의 각운은 비난할 수 없는 각운을 형성하고 있다. 그러므로 가장 바람직한 각운은 동음이의어 (les homonymes)라고 하겠다. 즉 auteur—hauteur, cœur—chœur 는 시각적으로 철자가 유사하며, 청각적으로는 동음을 이루고 있으며, 정신에는 다른 사상을 제공하고 있다.

4) 뜻이 유사(類似)한 피생어나 합성어의 각운

뜻이 유사한 파생어나 합성어로 압운하는 것을 금지하고 있다. 이러한 경우는 같은 단어와 압운하는 경우처럼 간주하고 있다. 즉, bonheur — malheur, courtois — discourtois, mortel — immortel, nom — surnom, fidèle — infidèle, rire — sourire, vue — entrevue, battre — combattre, lier — dèlier 등의 각운은 피하고 있다.

그러나 어의(語義)가 전혀 틀리거나 어원(語源)적으로 상이한 경우에는 무관하다.

> accès — succès, cède — succède, déclin — enclin, tront — affront, lustre — illustre, objet — sujet, promettre — permettre, soin—besoin, surprendre — entreprendre 등.

5) 단음절 운(la rime des monosyllabes).

다음절(多音節) 운에서보다 단음절 운에서 우리의 청각은 동음이 덜 나더라도 허용하고 있다. 그러므로 단음절 운은 빈약운(la rime pauvre)도 허용하는 특권을 갖는다. 이리하여 단음절 운인 *cas* 는 dé*bats* 나 é*tats* 와 같은 다음절 운과도 압운할 수 있을 뿐만 아니라, 다른 단음절 운인 *pas* 와도 압운할 수 있다. 그러므로 다음절 운에서 기피하던 빈약운을 단음절 운에서 종종 볼 수 있다.

> De quoi m'ont profité mes inutiles *soins?*
> Tu me haïssais plus, je ne t'aimais pas m*oins*. (Racine)

그러나 accent 이 약한 단음절 운들(예 ; je, te, me, se, le, de, ne, que 등) 끼리는 압운을 피해야 한다.

6) 부가형용사 운(la rime des épithètes)

부가형용사로 안이하게 압운하는 것을 피하고 있다. 부가형용사를 사용하면 비교적 안이하게 각운을 형성할 수 있으므로 이러한 운을 기피하여 왔던 것이다. 그러나 전 시행에서 조화를 이룰 때에는 가끔 사용한 예를 볼 수 있다.

Quoi ! dis-je tout chagrin, dans ma verve *infertile,*
Des vertus de mon roi spectateur *inutile* (Boileau)

위의 시행에서 infertile와 inutile는 부가형용사다. 부가형용사는 수식하기 위하여 부가적으로 가하는 것이므로 광의적으로는 형용사에 속하지만 약간의 차이가 있다. 형용사가 없으면 사상이 완전히 표현되지 않는다. 우리의 알몸을 가리는 것이 형용사라고 한다면 부가형용사는 부유함을 나타내기 위하여 입는 호화로운 옷과 비유할 수 있겠다. 다음 시행의 예를 살펴보자.

Fuyez de ces auteurs l'abondance *stérile* (부가형용사)
Et ne vous charger pas d'un détail *inutile* (형용사)

위의 시행에서 stérile은 목적보어 l'abondance에서 반드시 필요한 것은 아니지만, inutile은 절대로 필요하며 이 형용사가 없으면 의미가 완성되지 않는다.

4. 운의 배치(配置)

운은 시각적인 미보다 본질적으로 청각적인 미를 요구하고 있다. 다른 종류의 운을 규칙적으로 교체시킴으로써 청각적인 미를 추구하게 된다. 음향적인 아름다운 효과를 노리는 것이 각운이므로 안이한 방법으로 각운을 추구하여서는 안된다. 왜냐하면 각운은 통속적(通俗的)이고 안이한 결합을 금지하고 다양하고 기교적인 효과를 요구하기 때문이다. 그러므로 불시의 각운도 남성운과 여성운을 다채롭게 배치함으로써 각각 다른 청각적인 효과를 낼 수 있다. 각운의 배치에 따라 아래와 같은 명칭을 갖는다.

1) 평탄운(les rimes plates ou suivies)

비교적 자주 사용되는 각운으로서 같은 종류의 운을 두개씩 번갈아가며 규칙적으로 계속되는 각운이다. 이 각운은 장중한 효과를 내며 균형잡힌 인상을 준다.

Prince d'un sang mortel aussi lourd que la mer, (*m*)
Je me mesure un jour à cet amour amer. (*m*)
Comme un fleuve arrêté qui retourne sa course (*f*)
Je me souviens de moi, je languis de ma source (*f*)
(Charles Bertin)

2) 교차운 (les rimes croisées ou alternées)

남성운과 여성운을 서로 번갈아가며 계속시키는 각운을 말한다. 이 운을 형성하는 동음이 풍부하지 않아도 쉽게 구별할 수 있는 각운으로 자주 사용되고 있다.

De ces oiseaux venus, les soirs de solitude, (*f*)
Nous apporter l'odeur amère des saisons, (*m*)
A peine reste-t-il un peu d'incertitude (*f*)
Qu'une lampe caresse en éclairant ton front. (*m*)

(Roger Foulon)

3) 포옹운 (les rimes embrassées)

두 남성운 상하에 두 여성운이 포위하거나 두 여성운 상하에 두 남성운이 둘러싸는 각운을 말한다.

Celui-ci, qui ne fut ni prêtre ni guerrier, (*m*)
Ne voulut sur sa tombe où verdit la verveine (*f*)
Ni la palme d'airain ni auréole vaine (*f*)
Passant, ne pleure pas et va-t'en sans prier. (*m*)

(Pierre Loüys)

4) 2중운 (les rimes redoublées)

이 운은 위의 기본형을 변형시킨 각운이다. 이 운은 전체적으로는 교차운·포옹운·혼합운을 형성하지만 도중에 같은 종류의 운을 두번 이상 반복시키는 운의 형태이다. 예컨데 교차운의 변이형(變異形)으로서 *m—m—f—m—f—f—m*, *m—f—f—m—f—f*, 또는 *m—f—m—m—f* 등으로 배치하며, 포옹운의 변이형으로서 *m—m—f—f—m*, *m—f—f—m—m* 등으로 배치한다.

Un maroufle, (*f*)
Mis à neuf, (*m*)
Joue et soufle (*f*)
Comme un bœuf (*m*)

Une marche (*f*)
De Luzarche (*f*)
Sur chaque arche (*f*)
Du Pont-Neuf. (*m*)

(Hugo)

위의 시행들은 전체적으로는 교차운을 형성하지만 5~7행은 여성운이 세번 중복되었다.

5) 혼합운(les rimes mêlées)

남성운과 여성운을 일정한 순서 없이 자유롭게 결합한 형태의 각운을 말한다. 또한 어떤 시인들은 두 종류의 각운 배치를 혼합하여 사용한다. 즉 평탄운과 교차운, 평탄운과 포옹운, 교차운과 포옹운을 혼합하여 사용하는 경우도 있다.

C'est l'extase langoureuse, (*f*)
C'est la fatigue amoureuse, (*f*)
C'est tous les frissons des bois (*m*)
Parmi l'étreinte des brises, (*f*)
C'est, vers les ramures grises, (*f*)
Le chœur des petites voix. (*m*)

(Verlaine)

6) 단일운(les rimes continues ou les monorimes)

전 시행이 남성운이나 여성운만으로, 즉 단일운으로만 형성된 각운을 말한다.

Nous étions seul à seul et marchions en rêvant, (*m*)
Elle et moi, les cheveux et la pensée au vent. (*m*)
Soudain, tournant vers moi son regard émouvant: (*m*)
《Quel fut ton plus beau jour?》 fit sa voix d'or vivant. (*m*)

(Verlaine)

7) 특수운의 배치

공예적(工藝的) 작시법과 호기심을 자아내기 위하여 운을 시행 중간에 효과적으로 배치하는 방법도 있다. (*Dictionnare des rimes françaises* p. 56~57 참조)

(가) **부가운**(la rime annexée)

각 시행 마지막에 오는 각운을 다음 시행 첫머리에 반복시키는 운을 말한다.

Pour dire vrai au temps qui *court,*
Cour est un périlleux *passage.*
Pas sage n'est qui va en *cour ;*
Court est son bien et avantage...

(나) **연계운**(連繫韻, l'enchaînée)

전 시행 마지막의 각운을 다음 시행 한두 곳에 반복시켜 시 전체를 쇠사슬로 묶는 것 같은 인상을 주는 압운 현상이다.

De malemort le bon Dieu me *préserve !*
Que *préservé,* je *vive* sous sa loi,
Et qu'y *vivant* sans cesse je le *serve*
En *serviteur* plein de zèle et de foi...

(다) **형제운**(la fraternisée)

각운을 이루는 단어 전체를 다음 시행 첫머리에 반복시킴으로써 시행들을 친근하게 연합시키는 운을 말한다. (부가운은 각운을 이루는 음절만 반복시키지만 형제운은 단어 전체나 그 단어의 동음이어(同音異語)를 반복시킨다).

Mets voile au vent, cingle vers nous, *Charon,*
Car on l'attend....

(Marot)

(라) **타노운**(打櫓韻, la batelée)

이 운은 마치 사공이 노를 젓는 것처럼, 각운을 다음 시행 중간 휴지에서 한번 반복시키면서 해당하는 시행 말미(末尾)에도 압운하는 현상을 말한다.

Quand Neptunus, puissant dieu de la *mer,*
Cessa d'ar*mer* caraques et galées,
Les gallicans bien le durent ai*mer*
Et récla*mer* ses grands ondes salées. (Marot)

(마) 왕관운(la couronnée)

각운 부분의 동음을 바로 직전에 오게 하여 마치 각운이 메아리치는 것과 같은 효과를 내게 하는 현상을 말한다.

Toujours est *en vie envie,*
Qui, le jour et la *nuit, nuit...*
La blanche colom*belle belle,*
Dont l'œil est *friant, riant...*

(바) 왕후운(l'impérière ou l'impératrice)

왕관운보다 한 번 더 반복시키는 것으로 시행 마지막에 각운을 세번 반복시키는 압운을 말한다.

Bénins lecteurs très-dili*gents gens gents,*
Prenez en gré mes impar*faits faits faits,*

(사) 다의운(多義韻, l'équivoque)

2중의 뜻을 나타내기 위하여 각운을 이루는 단어를 다음 시행(혹은 해당하는 시행)에서 같은 발음이 나는 두 단어로 분리시키는 압운이다.

Bref, c'est pitié, entre nous *rimailleurs,*
Car vous trouvez assez de *rime ailleurs,*
Et, quand vous plaît, mieux que moi *rimassez,*
De biens avez et de la *rime assez.*

(Marot)

(아) 동두운(同頭韻, la senée)

각운을 이루는 단어의 맨 처음 기간자음(基幹子音)으로 시행 전체 단어가 시작되는 현상을 말한다.

*C*iel ! *C*'est *C*lément *C*ontre *C*hagrin *Cloué.*
*E*t *E*st *E*stienne *E*sveillé *E*n *joué.*

(Marot)

(자) 후렴운(la kyrielle)

매절마다 후렴으로 같은 시행으로 끝나는 현상이다. 이러한 후렴운은 가요나 민요 등에서 흔히 볼 수 있다.

Qui voudra savoir la pratique
De cette rime juridique,
Je dis que bien mise, en effet,
La kyrielle ainsi se fait.

De plates de syllabes huit,
Usez-en donc, si bien vous duit,
Pour faire le couplet parfait,
La kyrielle ainsi se fait.

차. 거꾸로 읽어질 수 있는 시의 운(la retrograde)

운율과 의미를 바꾸지 않고 읽을 수 있는 시를 말한다.

Triomphalement cherchez honneur et prix,
Désolés cœurs, méchants infortunés,
Terriblement êtes moqués et pris.

위의 시행을 좌측에서 우측으로 차례 차례 읽어도 같은 의미로 운율과 운을 맞출 수 있으며 다음과 같이 된다.

Prix et honneur cherchez triomphalement,
Infortunés méchants cœurs désolés,
Pris et moqués êtes terriblement.

카. 분할 시행의 운(la brisée ou la rime des vers brisés)

시행을 완전히 두 부분으로 분할하여 시행 마지막에는 물론 시행 중간 휴지 부분에도 운을 이루는 시행을 말한다. 아래 절(strophe)에서 처음에는 전 시행을 다 읽고 다음에는 분할한 시행 12개를 별도로 읽으면, 서로 다른 뜻으로 각각 의미가 통하게 된다.

De cœur parfait chassez toute douleur,
Soyez soigneux, n'usez de nulle feinte,
Sans vilain fait entretenez douceur.
Vaillant et preux, abandonnez la crainte;
Par son effet, montrez votre valeur,
Soyez joyeux, et bannissez la plainte.

제 4 장 시절 (la strophe) 및 정형시 (定型詩)

1. 정의 (la définition)

시절 (詩節) 은 각운을 대체적으로 일정하게 배치한 몇 개의 시행의 결합을 말한다. 몇 개의 시절을 임의로 결합할 수는 없다. 한 시절에서 의미(意味) 상으로 완성되어야 함은 물론이거니와 각운이나 운율도 통일성을 기하면서 시행을 전개해야만 한다. 우리는 어떤 시행을 단독적으로 생각하기보다 시행의 결합인 시절 내에서 또한 여러 시절 속에서 운율과 조화를 발견해야 할 것이다. 각 시절 속에서 동일한 운율을 형성하기도 하고 서로 다른 운율을 형성하면서 시 전체에서 조화를 이룩한다.

시절에 대한 명칭도 여러가지다. 중세 서사시에서는 laisse 라고 불렀고 chanson 이나 서정시에서는 couplet 라고 불렀다. 또한 Ronsard 이후는 stance 라는 명칭을 사용하였다. stance 는 이태리어 stanza 에서 유래되었는데 《s'arrêter》란 뜻을 가지고 있다. 의미상으로나 운율상으로 완성된 몇 개의 시행을 낭독한 후에 쉰다는 뜻이다. 문예부흥 시대부터 서정단시 (les odes) 에서 stophes 란 말을 사용했다. 그후 낭만주의와 고답파 시인들이 시의 절을 일반적으로 strophe 라고 지칭하면서부터 그 명칭이 확정되었다.

시행이 단음절에서 16 음절 시행까지 있는 바와 같이 시절도 2 행에서 14 행까지 있으나, 일반적으로 최소한 4 행에서 12 행을 많이 사용한다. 또한 격정적인 서정시 (le dithyrambe) 는 14 행 이상 전개시키는 경우도 있다. 또한 시절을 구성하는 시행의 길이가 모두 동일한 것도 있고 서로 다른 것도 있다. 모두 동일한 시행으로 구성된 시의 절을 등운율시절 (等韻律詩節, strophe isométrique) 이라고 하며 서로 다른 시행으로 구성된 것을 비등운율시절 (非等韻律詩節, strophe hétérométrique) 이라고 부른다.

2. 시절의 종류 (les espèces de strophes)

시행 수에 따라 여러 종류의 절로 분류할 수 있다. 시절을 이루는 시행의 수, 시행의 형태 및 각운의 배치 형태에 따라 여러가지로 분류할 수 있으나, 불시에서는 전통적으로 시행의 수에 따라 시절의 명칭을 붙인다.

1) 2 행시절 (le distique)

어떤 운율학자들은 4 행시 미만은 strophe 로 인정하지 않는 사람도 있다. 2 행시절은 각 strophe 가 끝날 때마다 의미상으로도 완전히 끝나며 일반적으로 평탄운(les rimes plates)의 12 행시 (l'alexandrin)로 구성되었다. 그러나 때로는 alexandrin 이외의 시행으로 구성되기도 하며 서로 다른 각운을 사용할 수도 있다.

Ombres entre toutes chères, ô fantôme, ô passant, (*m*)
Dont je n'ai pu guérir ni mon cœur, ni mon sang. (*m*)
(H. Vacaresco)

2) 3 행시절 (le tercet)

3 행의 싯귀로 구성된 strophe 를 말한다. 각운은 모두 동일하거나, 아니면 중간 행의 각운이 첫 행의 각운과 같거나 3 행의 각운과 같아야 한다. 또한 중간 시행의 각운이 다음 tercet 의 첫 행과 마지막 행의 각운과 같을 경우(a b a / b c b / c d c 등), 즉 les rimes croisées 의 경우와 같은 효과를 낼 때 이를 terza rima 혹은 rimes tiercées 라고 한다.

Cette chaude chair humaine (*f*)
Plus chaude que le vieux vin (*m*)
Qui me réchauffe les veines; (*f*)

Sur ma bouche cette main (*m*)
Plus nécessaire, plus blanche (*f*)
Que la miche de mon pain. (*m*)
(Robert-Lucien Geeraert)

3) 4 행시절 (quartrain)

4 행시절의 각운의 배열은 교차운과 포옹운을 가장 많이 사용하며 평탄운을 가끔 사용할 때도 있다.

Nous étions, ce soir-là, sous un chêne superbe (*f*)
(Un chêne qui n'était peut-être qu'un tilleul) (*m*)
Et j'avais, pour me mettre à vos genoux dans l'herbe, (*f*)
Laissé mon rocking-chair se balancer tout seul. (*m*)
(E. Rostand)

4행시절은 긴 시행과 짧은 시행을 동시에 사용하는 경우가 많다. 일반적으로 짧은 시행 하나를 마지막에 넣거나 아니면 중간에 넣는 경우가 많으며 긴 시행과 짧은 시행을 교차시키기도 한다.

Quand le gris de l'hiver, intolérablement, (*m*)
pèse sur mes épaules, (*f*)
je m'évade en pensant à vous, bourgeons de saules, (*f*)
dans vos étuis serrés de velours et d'argent. (*m*)

(G. Beaumont)

Ainsi, toujours poussés vers de nouveaux rivages (*f*)
Dans la nuit éternelle emportés sans retour (*m*)
Ne pourrons-nous jamais sur l'océan des âges (*f*)
Jeter l'ancre un seul jour? (*m*)

(Lamartine)

그 외에 짧은 시행 셋과 긴 시행 하나로 구성될 때도 있다. 또한 다른 배합 방법도 가능하다. 그리고 시행의 길이도 한결같지 않으나 12음절인 alexandrin에 8음절 시행이나 6음절 시행과 배합하는 것이 가장 좋은 방법이다. 그러나 4행시절에서는 운율의 포착이 용이하기 때문에 여러가지 길이의 시행을 다양하게 결합하여 사용하고 있다.

4) 5행시절(les quintils)

5행시절에서는 필연적으로 3개의 운이 동일해야 한다. 두 개의 남성운이나 여성운이 3개의 여성운이나 남성운과 배합한다. 그 배합 방법은 일반적으로 ab aab, aab, ab를 많이 사용하며 ab bab도 가끔 사용할 때도 있다.

Nous ne passons qu'un instant sur la terre, (*f*)
Et tout n'y passe avec nous qu'un seul jour. (*m*)
Tâchons du moins, du fond de ce mystère, (*f*)
Par œuvre vive et franche et salutaire, (*f*)
De laisser tracer en cet humain séjour. (*m*)

(Sainte-Beuve)

5행시절에는 일반적으로 등운율시행(等韻律詩行)을 사용하지만 가끔 비등운율 시행을 사용하기도 한다. 특히 4개의 alexandrin에 짧은 시행 하나를 섞어서 사용하면 효과적이다.

5) 6 행시절 (les sixains ou les sizaines)

6 행시절은 두 3 행시절로 구성되어 있으며, 각 3 행시절의 마지막 음절, 즉 3 행과 6 행의 마지막 음절이 서로 각운으로 연결되어 있다. 6 행시절은 일반적으로 등운율시행을 많이 사용하지만, 12 음절 시행을 각 3 행시절 마지막 시행, 즉 3 행과 6 행은 보다 짧은 시행에 즐겨 사용한다. 각운은 일반적으로 세 가지를 사용한다.

Du temps que j'étais écolier, (*m*)
Je restais un soir à veiller (*m*)
Dans notre salle solitaire. (*f*)
Devant ma table vint s'asseoir (*m*)
Un pauvre enfant vêtu de noir, (*m*)
Qui me ressemblait comme un frère. (*f*)

(A. de Musset)

J'ai trop pensé, j'ai trop compris; (*m*)
J'ai fait le tour des esprits (*m*)
Et des âmes; (*f*)
Il est tard et je suis très vieux; (*m*)
Je sais le mensonge des dieux (*m*)
Et des femmes. (*f*)

(E. Harauccourt)

또한 이 시절에서 마지막 시행 한 줄이나 두 줄이 짧은 시행도 가끔 눈에 띄며 기수음절로 이루어지고 비등운율 시행으로도 사용하기도 한다. 긴 시행에 두 개의 짧은 시행 하나씩을 삽입한 3 행시절 두개로 구성된 것도 가끔 있다.

Arbres qui ne montez aux dieux qu'à leur appel, (*m*)
Dites-nous si bientôt croulera la Babel (*m*)
Qu'élèvent nos déments par le verbe et les livres, (*f*)
S'ils sont proches les flots et proches les remous (*m*)
Où s'en iront sombrer tous les matelots fous (*m*)
De tant de bateaux ivres. (*f*)

(Pascal Bonetti)

Là se perdent ces noms de maîtres de la terre, (*f*)
D'arbitres de la paix, de foudres de la guerre: (*f*)
Comme ils n'ont plus de sceptre, ils n'ont plus de flatteurs, (*m*)
Et tombent avec eux d'une chute commune (*f*)
Tous ceux que la fortune (*f*)
Faisait leurs serviteurs. (*m*)

(Malherbe)

Sarah, belle d'indolence, (*f*)
Se balance (*f*)
Dans un hamac, au-dessus (*m*)
Du bassin d'une fontaine, (*f*)
Toute pleine (*f*)
D'eau puisée à l'Ilissus. (*m*)

(V. Hugo.)

6) **7 행시절** (les septains)

7 행시절은 별로 많이 사용되지 않는 것으로서, 3 종의 각운으로 연결된다. 때로는 4 행시절에 3 행시절이 따르기도 하고 때로는 3 행시절에 4 행시절이 따르기도 한다. 7 행시절은 6 행시절에서 유래되어 발전된 것이다. 운의 배합 형태는 여러 방법으로 구성되지만 일반적으로 aab cccb, aaab, ccb 의 형태를 많이 사용하고 있으며 전자가 후자보다 더 좋은 방법이다. 다음 시절은 Vigny 의 것으로서 abab ccb 의 각운 배합 형태다. 특색은 3 행이나 4 행의 각운이 마지막 시행의 각운과 연결되는 점이다.

Le crépuscule ami s'endort dans la valée, (a)
Sur l'herbe d'émeraude et sur l'or du gazon, (b)
Sous les timides joncs de la source isolée (a)
Et sous le bois rêveur qui tremble à l'horizon, (b)
Sa balance en fuyant dans les grappes sauvages, (c)
Jette son manteau gris sur le bord des nuages, (c)
Et des fleurs de la nuit entr'ouvre la prison. (b)

(Vigny)

7) 8 행시절 (les huitains)

8 행시절은 같은 각운으로 끝나는 4 행시절을 두 개를 나란히 연결시킨 것에 불과하다. 각운의 배치는 대체로 abab cccb, aaab cccb 로 연결되며 그외 다른 형태로도 가끔 찾아 볼 수 있다. 여기서도 네째 행과 마지막 행의 각운이 연결되어 있다.

Sans monter au char de victoire, (a)
Meurt le poète créateur; (b)
Son siècle est trop près de sa gloire (a)
Pour en mesurer la hauteur. (b)
C'est Bélisaire au Capitole: (c)
La foule court à quelque idole (c)
Et jette en passant une obole (c)
Au mendiant triomphateur. (b)

(V. Hugo)

일반적으로 등운율시행으로 구성되었으나 짧은 시행이 하나씩 섞인 비등운율시행으로도 구성되어 있다.

Comme un vain rêve du matin, (a)
Un parfum vague, un bruit lointain, (a)
C'est je ne sais quoi d'incertain (a)
Que cet empire: (b)
Lieux qu'à peine vient éclairer (c)
Un jour qui, sans rien colorer, (c)
A chaque instant près d'expirer, (c)
Jamais n'expire. (b)

(C. Delavigne)

8) 9 행시절 (les neuvains)

9 행시절도 별로 사용되지 않는다. 이 시절은 6 행시절에 3 행시절을 추가한 형태를 많이 사용한다. 그러나 또한 4 행시절과 5 행시절이 합쳐진 abab ccdcd, abab cdccd 의 각운 형태로 사용한다. 그리고 등운율시행도 가끔 사용한다.

Voici, voici le jour propice (a)
Où le Dieu pour qui j'ai souffert (b)
Va me tirer du précipice (a)
Que le démon m'avait ouvert. (b)
De l'imposture et de l'envie (c)
Contre ma vertu poursuivie (c)
Les traits ne seront plus lancés; (d)
Et les soins mortels de ma vie (c)
De l'immortalité seront récompensés. (d)

(J.-B. Rousseau)

9) 10 행시절 (les dizains)

10 행시절은 일반적으로 octosyllabes가 많으며 서정 시인들에 의하여 많이 애용되고 있다. 낭만주의 시인들이 10 행시절의 ode를 많이 사용했다. 그런데 10 행시절은 두 3 행시절과 4 행시절로 구성되기도 하고 4 행시절 다음에 두 개의 3 행시절로 구성될 때도 있다. 운의 배치는 17 세기부터 abba ccd ede의 형태를 많이 사용했는데 sonnet의 형태와 흡사하다. 그러나 최근에는 약간 수정한 abab ccd eed의 각운 형태를 많이 사용하고 있다.

Que soit l'orgueilleuse rose (a)
Soumise aux destins divers, (b)
Ah ! qu'importe, Amour oppose (a)
Sa flamme au froid des hivers ! (b)
Ne redoute ni la cendre (c)
Ni de voir l'ombre descendre, (c)
Amie, en nos cœurs brûlants, (d)
Nos cœurs qui, libres de haine, (e)
La menace ont faite vaine (e)
De l'âge et des cheveux blancs. (d)

(Vincent Muselli)

마치 4 행시절이 밑받침이고 그 위에 두 개의 3 행시절이 놓인 것처럼 안정감을 주고 조화를 이루는 운율 형태다.

10) 11 행시절 (les onzains)

이 시절은 16세기에 Marot가 정형시인 Le chant royal에서 시도하고 Lamartine가 *A l'esprit saint*에서 사용하였을 뿐 거의 사용되지 않는 시절이다. 그 형태는 10행시절에 1행을 더 추가하고 두 3행시절 중 한 3행시절에서 두 번 반복되는 각운을 세번 반복하게 만든 형태로서, 각운의 배치는 abab ccdd ede의 형태가 된다. 그런데 Lamartine가 사용한 형태는 abab ccde eed의 형태이다.

11) 12 행시절 (les douzains)

12행시절은 Ronsard와 Corneille에 의하여 사용되고 낭만주의의 몇몇 시인중 주로 Victor Hugo에 의하여 사용되었을 뿐 거의 사용되지 않은 시절이다. 각운의 배치는 10행 시절의 두 3행시절에서 두번 반복되는 각운을 세번씩 반복하게 만든 형태다. 결국 10행 시절 중의 두 3행시절에서 한 시행씩 추가한 셈이다. 각운은 5종으로 구성된다. 즉 abab cccd eeed가 된다. Victor Hugo의 다음 12행시절을 고찰하여 보기로 하자.

Oh ! demain, c'est la grande chose. (a)
De quoi demain sera-t-il fait ? (b)
L'homme aujourd'hui sème la cause, (a)
Demain Dieu fait mûrir l'effet. (b)
Demain, c'est l'éclair dans la voile, (c)
C'est le nuage sur l'étoile, (c)
C'est un traître qui se dévoile, (c)
C'est le bélier qui bat les tours, (d)
C'est l'astre qui change de zone, (e)
C'est Paris qui suit Babylone : (e)
Demain, c'est le sapin du trône, (e)
Aujourd'hui, c'en est le velours ! (d)

이상 고찰한 시행 외에 13행시절 이상으로 구성된 시도 물론 있다. 낭만주의 시인들은 엄격한 고전 규칙의 멍에에서 벗어나려고 규칙을 어기기 시작했다. 심지어 Lamartine는 40행시절까지 사용했다. 또한 같은 시속에서 서로 다른 시절을 사용하기도 했다. 물론 이것은 자유시의 영역으로 포함시켜야 할 것이다.

3. 정형시(les poèmes à forme fixe)

불시형 중에는 상당수의 정형시(定型詩)가 있다. 그중 la ballade와 le rondeau는 초기 불시 시대까지 거슬러 올라간다. 1350년에 시인이며 음악가인 Guillaume de Machaut가 la ballade와 le rondeau를 고안했다. 이러한 정형시는 거의 모두 짧은 것이 특징이다. 15세기에 접어들면서 정형시가 많이 사용되었으며, 그후 Deschamps, Charles d'Orléans, Villon 등 유명한 시인들의 작품 속에 많은 정형시가 수록되어 있다. 많은 정형시 중 어떤 것은 지금 완전히 잊혀진 것도 있고 거의 포기 상태에 있는 것도 있으며, 오늘날까지 애용되는 것도 있다.

정형시란 시 전체가 시절의 수나 시행의 수, 음절의 수나 각운의 배치에 있어서 일정한 형태에 의해 구성되는 것을 말한다. 그 중 어떤 것은 시간이 흐름에 따라 형태가 약간 바뀐 것도 있다. 광의적으로 정형시를 말할 때, le chant royal, le lai, le virelai, la sextine, la glose, le pantoum을 정형시에 포함시키지만 본란에서는 생략하기로 하고, 정형시 중에 대표적인 le triolet, la villanelle, le rondeau, le rondelle, la ballade 및 le sonnet만 고찰해 보기로 하자.

1) **le triolet**(8행 정형시).

이 시는 13세기에 사용하기 시작해서 Rennaissance 때 대유행을 이루었다가 17세기 후반기에 쇠퇴하기 시작한 정형시다. 그후 낭만주의와 고답파 시인들이 약간 시도했으나 현재는 별로 사용되지 않는 시다. 시의 형태로서는 두 개의 각운으로 구성된 8행시다. 또한 각 시행은 대부분 8행시인 octosyllabe를 사용하고 있다. 특징으로서 첫 행이 4행에서 반복되며, 또한 첫 행과 둘째 행이 마지막 7행과 8행에서 반복된다. 각운의 배합은 ABaA abAB(대문자는 반복되는 시행의 표시임)이다. 이러한 시는 풍자하는 내용으로 많이 사용되었다.

Le premier jour du mois de mai (A)
Fut le plus heureux de ma vie. (B)
Le beau dessein que je formai (a)
Le premier jour du mois de mai! (A)

Je vous vis et je vous aimai: (a)
Si ce dessein vous plut, Sylvie, (b)
Le premier jour du mois de mai (A)
Fut le plus heureux de ma vie. (B)

또한 다른 triolet의 예를 들기로 하자.

Monsieur le comte de Tallard (A)
Sait bien le parti qu'il faut prendre; (B)
Il est vaillant comme un César, (a)
Monsieur le comte de Tallard. (A)
Mais, s'il est battu par hasard, (a)
S'il faut périr ou bien se rendre, (b)
Monsieur le comte de Tallard (A)
Sait bien le parti qu'il faut prendre. (B)

2) la villanelle(목가)

이 시는 16세기 말엽에 Pléiade파 시인들이 사용하기 시작하였으며 근대의 몇몇 시인들도 사용한 정형시다. 두 종류의 각운을 사용하며 7음절 시행으로 구성된 3행시절로 이어가다가 마지막 절에서만 4행시절로 구성한다. 각운의 배열 방법은 첫행과 마지막 행이 여성운으로 연결된다. 또한 첫 3행시절의 첫 행이 둘째, 네째 등의 마지막 시행에서 반복되며, 첫 3행시절의 마지막 시행이 세째, 다섯째 등의 시행의 마지막 시행에서 반복된다. 이리하여 첫 절의 첫 행과 마지막 행이 계속 반복되어 오다가 마지막절 마지막 두 시행에서 동시에 반복됨으로서 4행시절을 이루게 된다. 따라서 각운과 시행의 배치는 A^1BA^2, ABA^1, ABA^2, ABA^1,...ABA^1A^2가 된다.

J'ay perdu ma tourterelle. (A^1)
Est-ce point elle que j'oy? (B)
Je veux aller après elle. (A^2)

Tu regrettes ta femelle! (A)
Helas! aussy fay-je moy: (B)
J'ay perdu ma tourterelle. (A^1)

Si ton amour est fidèle, (A)
Aussy est ferme ma foy: (B)
Je veux aller après elle. (A^2)

Ta plainte se renouvelle, (A)
Toujours plaindre je me doy: (B)
J'ay perdu ma tourterelle. (A^1)

En ne voyant plus la belle, (A)
Plus rien de beau je ne voy: (B)
Je veux aller après elle. (A^2)

Mort, que tant de fois j'appelle, (A)
Prends ce qui se donne à toy: (B)
J'ay perdu ma tourterelle, (A^1)
Je veux aller après elle. (A^2)

또한 villanelle의 다른 형태로서, 2종의 운을 사용하나 모두 4행시절로 구성된다. 각운의 배치는 교차운과 포옹운이 교대되며 첫 시절의 3, 4행이 계속 교차된다. 각운과 시행의 배치는 abAB, abAB, abAB…abAB (대문자는 반복되는 시행의 표시임)가 된다.

3) **le rondeau** (정형단시)

이 시는 15세기 말엽에 시작되어 16세기 전반기와 17세기 전반기에 번창했던 정형시다. 그후 별로 사용되지 못했다. 8음절이나 10음절을 사용하며 모두 13행으로 구성되었다. 두 종류의 각운으로 배합되며 두 5행시절이 한 개의 3행시절로 분리된 셈이다. 각운의 배치는 첫 행의 각운이 8번 반복되고 다른 각운은 5번 반복된다. 즉, aabba, aab, aabba의 형태임. 첫 시행의 첫 부분이 3행시절 다음, 즉 8행 다음과 마지막에 반복된다. Louis 14세가 쓴 rondeau de Benserade의 예를 보자.

DEUCALION ET PYRRHA

A coups de pierre ils ne s'attendaient guère (a)
De repeupler l'univers solitaire. (a)
Deucalion et Pyrrha seuls restaient, (b)
Et par-dessus leurs têtes ils jetaient, (b)
Non sans horreur, les os de leur grand'mère. (a)
5행시절

Simples cailloux en langage vulgaire (a) ┐
Etaient les os ; sur la foi du mystère, (a) │ 3 행시절
Le grand débris du monde ils rajustaient (b) ┘
A coups de pierre. 후렴

Tous deux avaient leurs pareils à refaire, (a) ┐
Qui n'était pas une petite affaire. (a) │
De leur travail, comme ils s'y comportaient, (b) │ 5 행시절
Corps, têtes, bras, mains, pieds, jambes sortaient. (b) │
Ils firent là ce qu'on ne voit plus faire (a) ┘
A coups de pierre. 후렴

위의 정형시를 le ronde simple 이라고 하며 이 시에서 변형된 le rondeau redoublé 와 le rondeau médiéval 이 있다는 것만 알아 두기 바란다.

4) **le rondel**(고형 정형 단시)

le rondel 은 고형(古型) rondeau 이다. 이 정형 단시는 14 세기와 16 세기 사이에 많이 사용되었다. 그러나 몇몇 근대 시인들이 다시 사용하였다. rondel 과 rondeau 는 그 역사와 형태가 거의 같으므로 많은 사람들이 이 두 정형 단시를 서로 혼동하고 있다. 시행 수는 9 행, 10 행, 12 행, 13 행, 15 행으로 되어 있으나, 일반적으로 13 행시를 많이 사용한다. 첫 시행과 둘째 시행이 후렴으로 여섯째 시행 다음에 반복되며, 또한 첫 시행이 마지막 시행에 다시 반복된다. 각운은 두 종류로 구성되며 그 배치는 첫 4 행에 포옹운인 abba 를, 둘째 4 행에 교차운인 abab 를, 마지막 4 행에 포옹운인 abba 를, 마지막 후렴은 첫행의 운을 사용한다. 따라서 13 행 rondel 각운의 배치는 abba-abab-abba-a 가 된다.

Dieu ! qu'il la fait bon regarder, (A)
La gracieuse, bonne et belle ! (B)
Pour les grands biens qui sont en elle, (b)
Chascun est prest de la loüer. (a)

Qui se pourroit d'elle lasser ? (a)
Tous jours sa beauté renouvelle. (b)
Dieu! qu'il la fait bon regarder, (A) ┐
La gracieuse, bonne et belle ! (B) ┘— 후렴

Par deça, ni delà la mer (a)
Ne sçay dame ni demoiselle (b)
Qui soit en tous biens parfais telle. (b)
C'est un songe que d'y penser: (a)
Dieu ! qu'il la fait bon regarder ! (A) —후렴
(Charles d'Orléans)

5) **la ballade**(담가, 譚歌)

이 정형시는 14세기 경에 등장했다. 그후 15세기에 많이 애용되다가 다시 17세기 18세기에는 거의 사용되지 않았다. 그러나 19세기부터 다시 사용되기 시작했다. 이 시는 3절과 반절(半節)의 발구(跋句, envoi)로 구성되었다. 가장 많이 사용되는 형태가 8음절 시행으로 구성된 8행시절 세 개와 4행시절인 발구(envoi)로 이루어졌으며, 이 경우에는 3종류의 각운을 사용한다. 각운의 배치 형태는 abab, bcbc이며 각 절마다 모두 동일한 형태다. 또한 10음절로 된 10행시절 세 개와 5행시절로 구성되며 네 종류에 각운을 사용할 경우도 가끔 있다. 각운의 배치 형태는 ababb, ccdcd이며 각 절 모두 동일한 형태를 갖는다. 각 절 모두 후렴격인 같은 시행으로 반복된다. envoi에는 일반적으로 Prince, Seigneur 등 이와 흡사한 호격(呼格)으로 시작하여 헌사의 성격을 띤다. envoi에는 윗절 뒷반절(半節)과 같은 각운 형태를 갖는다.

Quoy qu'on tient belles langagieres (a)
Florentines, Véniciennes, (b)
Assez pour estre messaigieres, (a)
Et mesmement les anciennes; (b)
Mais, soient Lombardes, Rommaines, (b)
Genevoyses, à mes perilz, (c)
Piemontaises, Savoysiennes, (b)
Il n'est bon bec que de Paris. (c)

De beau parler tiennent chayeres, (a)
Ce dit-on, Neapolitaines, (b)
Et que sont bonnes caquetieres (a)
Allemandes et Prussiennes; (b)
Soient Grecques, Egyptiennes, (b)

De Hongrie ou d'autres pays, (c)
Espaignolles ou Castellennes, (b)
Il n'est bon bec que de Paris. (c)

Brettes, Suysses, n'y sçavent gueres, (a)
Ne Gasconnes et Thoulouzaines; (b)
Du Petit-Pont deux harangeres (a)
Les concluront, et les Lorraines, (b)
Angloises ou Calaisiennes (b)
(Ay-je beaucoup de lieux compris?), (c)
Picardes, de Valenciennes... (b)
Il n'est bon bec que de Paris. (c)

ENVOI

Prince, aux dames Parisiennes, (b)
De bien parler donnez le prix. (c)
Quoy qu'on die d'Italiennes, (b)
Il n'est bon bec que de Paris. (c)

6) le sonnet

sonnet는 프랑스 정형시 중에서 가장 성공을 거둔 것이다. 이 시가 프랑스에 도입된 유래는 확실치 않으나, 14세기에 Marot나 Mellin de Saint-Gelais가 이태리 시칠리아 섬에서부터 프랑스로 도입했다고 많은 불문학자들이 주장하고 있다. 물론 13세기에 trouvadour (langue d'oc로 시를 쓴 남부 프랑스의 음유시인)들도 일정한 형태가 없는 sonnet를 썼다. 그후 16세 후반에 Joachim du Bellay, Ronsard 등 Renaissance 시인들에 의해 애용되었으며 17세기 말까지 대유행을 이루었다. 18세기에는 다시 쇠퇴하였다가 일부 낭만주의 시인이 다시 사용하기 시작하여 고답파 시인들과 상징주의 시인들에 의해 애호되었다.

이 시는 모두 14행으로 구성되며, 두 4행시절은 포옹운을 이루는 두 종류의 각운으로 형성하며, 그 후에 오는 두 3행시절(사실상 6행시절임)은 첫 3행시절의 첫 두행은 서로 평탄운을 이루고 셋째 행과 마지막 행은 모두 교차운(16세기 까지는 포옹운)을 이룬다. 이리하여 각운의 배치는 abba, abba, ccd, ede (16세기까지는 ccd, ced)의 형태를 취한다.

물론 이러한 규칙에서 다소 벗어난 형태도 시대적 변천에 따라 많이 볼 수 있으나 모두 변형 내지 불규칙적인 sonnet로 간주하고 있다. 초기에는 10음절 시행을 사용하였으나 16세기부터 alexandrin을 주로 사용하고 있다. 그러나 sonnet에서는 10음절 미만의 시행도 허용하고 있다. 그러나 alexandrin 이외의 sonnet는 모두 변형으로 규정하고 있다. 이러한 변형은 특히 Baudelaire 이후에 많이 볼 수 있다.

그러면 16세기 전의 sonnet인 Joachim du Bellay의 작품을 살펴보자.

LE BEAU VOYAGE

Heureux qui, comme Ulysse, a fait un beau voyage, (a)
Ou comme celui là qui conquit la toison (b)
Et puis est retourné, plein d'usage et raison, (b)
Vivre entre ses parents le reste de son âge ! (a)

Quand reverrai-je, hélas ! de mon petit village (a)
Fumer la cheminée, et en quelle saison (b)
Reverrai-je le clos de ma pauvre maison, (b)
Qui m'est une province, et beaucoup davantage? (a)

Plus me plaît le séjour qu'ont bâti mes aïeux, (c)
Que des palais romains le front audacieux, (c)
Plus que le marbre dur me plaît l'ardoise fine; (d)

Plus mon Loire gaulois que le Tybre latin, (e)
Plus mon petit Lire que le mont palatin, (e)
Et plus que l'air marin la douceur angevine. (d)

또한 고답파 시인인 J.-M. de Heredia의 작품을 고찰하자.

LES CONQUERANTS

Comme un vol de gerfauts hors du charnier natal, (a)
Fatigués de porter leurs misères hautaines, (b)
De Palas de Moguer routiers et capitaines (b)
Partaient, ivres d'un rêve héroïque et brutal. (a)

Ils allaient conquérir le fabuleux métal (a)
Que Cipango mûrit dans ses mines lointaines, (b)

Et les vents alizés inclinaient leurs antennes (b)
Aux bords mystérieux du monde occidental. (a)

Chaque soir, espérant des lendemains épiques, (c)
L'azur phosphorescent de la mer des tropiques (c)
Enchantait leur sommeil d'un mirage doré ; (d)

Ou, penchés à l'avant des blanches caravelles, (e)
Ils regardaient monter dans un ciel ignoré (d)
Du fond de l'Océan des étoiles nouvelles. (e)

4. 정형시와 자유시 (le vers libre)

우리는 지금까지 프랑스어로 된 정형시와 규칙시에 대하여 공부하였다. 그러나 19 세기에 접어들어 낭만주의 시인들로부터 시작하여 특히 상징주의 시인들은 엄격한 고전 불시 규칙에 반기를 들고 자유로운 표현과 새로운 형식을 추구하는 경향이 생겼다. 그후 다다이즘과 초현실주의를 거쳐 현대시에 이르기까지 이러한 움직임은 현재에도 마찬가지다. 이러한 자유시의 경향은 규칙시와 정형시를 바탕으로 한 전통적인 운율 속에서 이탈하려는 개인적인 몸부림의 소산이다. 자유시라고 해서 전통적인 시의 규칙에서 완전히 벗어난다는 것은 거의 불가능한 일이다. 다만 하나의 형태로서 굳어진 정형시의 유형성(類型性)이 시대의 발전에 따라 구속이나 형해(形骸)로 받아 들여지게 된 것이다. 이러한 구속에서 벗어나고 이와 같은 형해에 특유한 생명력을 불어넣으려는 개인적인 노력이 자유시를 낳게 한 것이지 전통적인 운율에서 완전히 해방된 것이 자유시가 아닌 것이다.

자유시 (le vers libre, le vers irrégulier) 외에 산문시 (le poème en prose)도 존재한다. 형태상 어떤 운율을 취하지 않고 산문적으로 쓰여진 시를 말한다. 또한 시와 산문을 통합하려는 움직임과 나아가서는 예술의 통합, 즉 시와 연극의 통합, 시와 음악의 통합 등을 시도하는 시인들도 있다. 인간의 지성에 호소하는 산문과 인간의 감정에 호소하는 시가 통합되어야만 현재와 같은 복잡한 현실 속에서 인간 내부의 미묘한 감정 상태를 효과적으로 표현할 수 있다는 것이다. 그러나 이러한 움직임은 어디까지나 지엽적인 현실이고 대다수의 프랑스 현대 시인들도 고전 규칙을 준수하고 있다.

조규철

한국외국어대학교 불어과 졸업
한국외국어대학교 대학원 졸업(석사)
프랑스 파리 제8대학 불문학박사
한국외국어대학교 불어과 교수
한국외국어대학교 총장 역임

du XIXe siècle
Poésies Choisies

19세기 불시선 - 주석과 작품해설

초판 1쇄 발행 _ 1975년 11월 15일
1판 15쇄 발행 _ 2016년 8월 20일

편저자 · 조 규 철
발행인 · 정 현 걸
발 행 · 신 아 사
인 쇄 · 예지인쇄
출판등록 · 1956년 1월 5일 (제 9 - 52호)
주 소 · 서울특별시 은평구 통일로 59길 4 2층 (03382)
전 화 · (02) 382-6411 **팩 스** · (02) 382-6401
홈페이지 · www.shinasa.co.kr
E-mail · shinasa@daum.net

ISBN 978-89-8396-658-2

정가 9,000원